自我療癒正念書

如詩般優美又眞實深刻的內在自療旅程

Heal Thy Self : Lessons on Mindfulness in Medicine

薩奇・聖多瑞里 Saki Santorelli 著
胡君梅／譯

野人家 133

自我療癒正念書
如詩般優美又真實深刻的內在自療旅程（二版）
Heal Thy Self : Lessons on Mindfulness in Medicine

作　　者　薩奇．聖多瑞里 Saki Santorelli
譯　　者　胡君梅

野人文化股份有限公司
社　　長　張瑩瑩
總 編 輯　蔡麗真
責任編輯　李依蒨、李怡庭
協力編輯　溫芳蘭
專業校對　林昌榮
行銷企劃　林麗紅
封面設計　16design
內頁排版　楊玉瑩、洪素貞

出　　版　野人文化股份有限公司
發　　行　遠足文化事業股份有限公司（讀書共和國出版集團）
地址：231新北市新店區民權路108-2號9樓
電話：（02）2218-1417　傳真：（02）8667-1065
電子信箱：service@bookrep.com.tw
網址：www.bookrep.com.tw
郵撥帳號：19504465遠足文化事業股份有限公司
客服專線：0800-221-029
法律顧問　華洋法律事務所　蘇文生律師
印　　製　成陽印刷股份有限公司
初　　版　2014年12月
二　　版　2020年12月
二版3刷　2023年07月

國家圖書館出版品預行編目資料

自我療癒正念書：如詩般優美又真實深刻的內在自療旅程 / 薩奇．聖多瑞里 (Saki Santorelli) 著；胡君梅譯．-- 二版．-- 新北市：野人文化股份有限公司出版：遠足文化事業股份有限公司發行，2020.12
面；　公分．--（野人家；133）
譯自：Heal thy self : lessons on mindfulness in medicine
ISBN 978-986-384-471-6(平裝)

1. 抗壓 2. 靈修

176.54　　109020075

野人文化官方網頁　野人文化讀者回函

自我療癒正念書

線上讀者回函專用 QR CODE，你的寶貴意見，將是我們進步的最大動力。

獻給吾妻瑞秋瑪娜（Rachmana），
女兒雀莉絲（Chalice）與費莉絲（Felice）
願我們在彼此的同在中，
持續開展並承接生活的點滴

獻給我的父母親，
羅絲（Rose）與弗瑞德（Fred）
感激您倆給我那麼多、那麼多的愛

超越做錯或做對的想法，
有一個領域，我將與你在此相遇。

當靈魂歇息於那片草地時，
這世界滿到無法談述。
想法、語言，甚至彼此的措辭
都沒有任何意義了。

——魯米　四行詩〈公開的祕密〉，第一五八首——

〔推薦序〕

正念的心法

本書作者以細膩、精準的筆法，揭露八週的正念減壓課程中，自己和病人如何從覺知當下中，摸索、吸取心靈的甘泉。這本書，乍看像似教學紀實錄；實質上，是作者正念功夫的操練本：接納人性的脆弱，直視種種的誤謬，時時照顧自己當下的身心，洞悉他者的身心狀態，以有效回應實況。本書，可謂「正念的心法」——教你突破慣性的重圍！

——自鼐法師（台灣佛教僧伽終身教育學會理事）

正念的自我療癒力

講求效率的步調加速人企圖掌控一切的焦躁不安，要靜下心來慢思慢活，不僅奢侈也不易做到。本書呈現正念的自我療癒力如何突破過度腦力開發的慣性，成功讓人減壓並成為自在自己的法門。循著此書如詩般優美的溫柔筆觸，我重新定睛於東西文明交融之美，也喚起早年研讀古籍經典的共鳴，彷佛在說「定、靜、安、慮、得」的儒家修心養性法門，藉此「明心見性」，止於至善。

——李玉嬋（國立台北護理健康大學生死與健康心理諮商系教授、諮商心理師）

真實面對自我，療癒乃於焉而生

薩奇博士以詩意、柔軟、慈悲及真誠的筆觸，在正念參與者的故事與助人者的內在經驗中來回穿梭，在在示現與實踐正念是「留意於此時此刻且不帶批判的覺察」、是「一種進入自己世界的方式」。透過正念，真實面對自我，療癒乃於焉而生，原來，人可以不用外求以求完整，因為自己內在本來就圓滿。這本書讓人更添自我療癒的希望感！

——李素芬（中國文化大學心理輔導系助理教授）

正念訓練，增加職場中的幸福感

在商業界，正念或療癒都是陌生的詞彙，比較熟悉的是成本效益、工作績效等。近幾年美國大企業紛紛引進正念訓練，以促進工作績效、提升決策品質、增加職場中的幸福感。

這年代，個人困難若未妥善處理，經常會導致家庭、組織、社會的重大代價。正念訓練（尤其是這一本書）直接碰觸並轉化身而為人的許多困難層面，值得細細閱讀。

——吳美萍（安侯建業聯合會計師事務所前人資長）

修本的智慧經典

薩奇博士以徐如清風的文筆，透過四部曲智慧的引導，深掘故事中因緣際會的感動，流水般自然的練習，詳細的讓讀者體驗正念靜觀的精髓；對想了解正念療癒的讀者，此書是修本的經典，閱讀本書更是賞心的樂事。書中每個簸跌傷痛卻仍不放棄創造命運的故事，都是自己生命神話的英雄，英雄擁抱生命的脆弱傷痛，支離破碎卻依然相信自性的完整無缺。在修得智慧的路上並無孰先孰後，只有相互轉化成就彼此的奇蹟，書中充滿薩奇博士豐富我們，豐富世界的覺察與洞見，是值得一讀再讀的好書。

——林亮吟（心禾診所所長、台北市立聯合醫院精神醫療部兒童青少年精神科前兼任主治醫師）

「止」與「觀」的修為

正念靜觀治療師薩奇藉著描述與剖析三十名減壓患者的療癒歷程，引導讀者對於正念靜觀的八單元暨二十一項練習的療癒機轉有所理解。全書充滿內觀洞察的智慧與溫柔慈悲的情懷，讓人不能不相信這是很具有轉化力量的心理處遇模式。薩奇強調「止」與「觀」的修為，「止」指的是停止轉身避走的自動化反應，而「觀」則是溫柔直視自己的情感、思想、身體與意圖。本書強調個人內在的豐厚圓滿，我們不須外求，而是透過時時刻刻的專注覺察把它揭露。最可貴的是，本書以「負傷的療癒者」隱喻醫病關係中，平等關懷、互相扶持觀照的慈心力量，點出正念療癒力之所在。

——黃玫瑰（幸福家庭心理諮商所所長、大仁科大家庭與伴侶研究中心前主任）

走一趟深度的自我療癒旅程

這本書帶著讀者走一趟深度的自我療癒旅程。薩奇是說故事高手，隨著他的一字一句，不知不覺中彷彿自己跟在他身邊一般，有種身歷其境的神奇感受。薩奇對於人的心理狀態與心理歷程的描繪，如詩如畫般優美，絲絲入扣，細緻非凡。薩奇把東西方的神話故事和哲理，融入在心理醫治的道理中，沒有刻意說服，便能讓讀者心領神會。譯者君梅親炙兩位正念大師，卡巴金（Kabat-Zinn）和薩奇，能掌握原著的神髓，加上譯筆流暢，讓本書讀來毫無譯作的隔閡之感。

——曾端真（國立台北教育大學心理與諮商學系退休教授、古典阿德勒學派深層心理治療師）

愛在苦難人間透出光芒的動人紀錄

薩奇・聖多瑞里醫師的文字彷彿詩意的河流，溫柔地把正念帶進我們生活的每個層面，洗滌病痛與苦難，滋潤乾渴荒蕪的生命。他像一位穿白袍的先知，引導愁苦迷失的同伴，一步步溫柔而專注的走向內在，發掘平靜喜悅，走入光明。如果正念是「愛的行動」，這本書就是愛的見證：愛在苦難人間透出光芒的一本動人紀錄。

——趙文滔（國立台北教育大學心理與諮商學系教授）

新生的井泉，改變的可能

「每一個人彷彿都站在井邊，注視著閃閃發亮的未知，深思著那未被言明的疑惑……這一刻我是否要拒絕這井水而維持乾渴與冷漠？或者我應該啜飲這未知卻有可能新生的井泉？」人常因害怕或慣性而拒絕了新生的井泉，作者以生動的文字、溫暖的態度帶領讀者認識這改變的可能與過程，非常值得大家，尤其醫療助人工作者一讀！

——連韻文（國立台灣大學心理學系副教授）

靜靜地、溫和地、深刻地碰觸到自己的內心深處

與胡君梅接觸，你會發現，君梅全身充滿著愛心，所以她熱切地把薩奇博士的《*Heal Thy Self*》翻譯出來，分享廣大的華文讀者，讓更多人生活更舒暢、人生更喜悅。

一生從事保險業，但從不教人如何賣保險，卻喜歡講許多保險故事，讓聽者打從內心體會保險初始愛的真諦。醫療也是如此！如果醫療少了人與人之間深層的流動，最初始的關懷，就會把人物化、把物神化，最終沒有人得到真正的益處。

這本書讓我們靜靜地、溫和地、深刻地碰觸到自己的內心深處。

——郭文德（南山人壽保險股份有限公司前董事長）

正念，對當下與自身的覺察

正念是由英文 mindfulness 翻譯過來的名詞，這種心理治療的概念與方法是目前在歐美心理治療先進國家十分流行的「當紅炸子雞」。這種治療方式有別於傳統的精神分析、行為治療或家庭治療，強調對當下與自身的覺察，在心理治療領域中開創新的路徑。

本書譯者胡君梅老師對於正念減壓充滿熱情，於北市醫松德院區實習期間，兩度遠赴美國進修正念減壓課程，並且親自翻譯正念減壓創建者卡巴金博士的巨著，目前又創辦了華人正念減壓中心。欣聞她所翻譯的第二本正念好書出版，恭賀之外更樂意推薦給中文的讀者，期待本書幫助更多人獲得身心的舒泰。

——陳冠宇於台北象山下（台北市立聯合醫院松德院區一般精神科醫師、心身醫學科前主任、德國福來堡大學醫學博士）

〔致中文版讀者〕

親愛的中文讀者們：

我們都生活在一個奇妙又有趣的時代，許多以前無法想像或做到的事情，現在似乎都可以了。然而，愈來愈快的生活速度也讓日子愈來愈狂亂，生活中充滿了各種令人分心的事物。正念，是每個人都有的能力，讓我們可以同在、可以覺察、可以清晰地觀察。正念是生而為人的關鍵特質，既是天生的也可以後天培養。正因如此，練習正念，提供給我們好大的可能性，讓生活可以過得更清明、更平和，對他人的福祉也更加敏銳。

你現在手中所握的這本書，是當代正念的真實報導，此當代正念的具體呈現形式就是八週的正念減壓課程（MBSR）。這些故事因著你們的姊妹胡君梅的愛和努力，而得以呈現在大家面前，感謝君梅全心全意地將這本書翻譯成中文。此外，對於她的奉獻與辛勤的工作，我亦由衷感激，非常開心她把這本書帶給大家。

說到愛與努力，正念減壓正是愛的努力。這課程始於一九七九年麻州大學醫學院的一個小門診（減壓門診），從那個時間、那個地點撒下種子，栽培種植，成長茁壯，枝繁葉茂。到目前為止，全球已經有超過七四〇個機構正式提供正念減壓課程，科學研究的社群也愈來愈龐大。光在麻州大學，就有超過兩萬人接受過正念減壓的課程訓練。而在全球六大洲，更是有成千上萬的人參與過這個由麻州大學所發展出來的正念訓練模式。這些年，在台灣、大陸與香港也都開始有正念減壓課程。

正念減壓課程的核心關注是壓力與痛苦，以及如何減緩這般的痛苦。這也是多年來我們的工作重心，不論是在減壓門診，或是以減壓門診為基礎而發展出來的正念中心。後者是一個更大、更多元整合的組織，隸屬於麻州大學醫學院，全名為「於醫療、健康照護與社會之正念中心／Center for Mindfulness in Medicine, Health Care, and Society」，簡稱「正念中心／CFM」。在這裡，不論是臨床工作、科學研究、專業教育訓練或各類課程，都是以正念為軸心，而且大多是採用正念減壓的型態。

也許對於像你們擁有古老文化的人而言，三十五年只是很短的時間不足掛齒。然而，對於像美國這般年輕文化而言，專一地投入某個領域三十五年，已經算很長的了。話又說回來，不論你住哪兒或來自哪個文化傳統，三十五年，確實可以改變很多事情了。

你可能已經知道，也可能在隨後的閱讀或練習中很快就會發現，正念其實是根植於你們的文化傳統，因此，對你而言可能是熟悉的。對於時時刻刻所開展的生活，對於我們裡面一個接著一個的呼吸，我們都有覺察的能力、保持清醒的能力與活在當下的能力。這般的覺醒是普世的珍寶，為全世界人類所共有。我由衷希望，這本書將幫助你發現，你自己裡面那取之不盡、用之不竭的內在資源；藉由開發此資源，你將體會你生而圓滿完整，亦將發現生而為人的美好與美感。

溫馨地祝福大家！

——薩奇・聖多瑞里

教育博士、文學碩士、美國麻塞諸塞州烏斯特市・麻州大學醫學院之醫學教授減壓門診主任（一九九六～二〇一七）、於醫療、健康照護與社會之正念中心執行長（二〇〇〇～二〇一七）

〔譯者序〕

正念地走在療癒之路

假如你去正念減壓（MBSR）發源地美國麻州大學醫學院接受師資培訓，你就會知道兩本必讀之書為卡巴金博士的《*Full Catastrophe Living*》，以及薩奇博士的《*Heal Thy Self*》。前者中文版名稱為《正念療癒力》，後者就是你手上的這本《自我療癒正念書》。

對我而言，翻譯這兩本書的心境完全不一樣，各別都花了很大的力氣調適。《正念療癒力》很像太陽，直接明亮，鉅細靡遺。《自我療癒正念書》很像月亮，溫柔寧靜，映照黑暗。

剛要開始翻譯時，我詢問薩奇博士需要注意什麼，他說希望能保留這本書裡詩的意境。我放在心上，坦白講當時還沒什麼特別感覺，但很快地就發現事情不妙了。詩，是非常簡潔溫柔的表達型態，有時候一個字就是一個轉折。於是，經常一句話，我參了一天才悟出它在講什麼，如果不是翻譯責任重大，自行閱讀時肯定直接跳過。如書中所述，那感覺真像被熬煮，用盡所有方法還是做不出來，到處都是牆壁的感覺。會不會心煩意亂、很想逃跑、很希望有人代勞？當然會，尤其再加上生活中本來就有許多責任與工作，也有許多意想不到的新狀況進來增加考驗的難度。

然而，正念訓練讓我清澈明白，逃避的會再回來，壓抑的會再反彈，否認的會更強化。於是，再怎麼難熬，我只能一次又一次地直接承接，在每個當下好好領受自己身體與內心的狀況。面對所有浮現的議題，承托住自己，不做投射式的亂責怪。釐清這個階段的核心重點工作，分辨出優先次序，選擇能做的並全力以赴，放下力不從心的也不胡思亂想，這包括所有的人、事、物。在每個呼吸中不斷將自己帶回當下，這個當下、這個當下、這個當下，畢竟只有當下才是能著力之處。除了當下之外，我們還擁有什麼？當下所做的選擇，累積起來就是人生。

用心地翻譯或者慢慢地咀嚼一本好書，那感覺很像在接受一對一的家教，有些體會，或者說，一些領悟。有趣的是，即使每個字都是自己譯出來的，但在重新閱讀時，對於那字裡行間所蘊含的，還是會深受感動，這是很奇妙的感覺。尤其是薩奇博士誠實面對與坦露自我的程度，真令我驚訝與悸動。他很忠實地表現出他身為一個平凡人的樣貌，沒有要煽情，沒有要形塑成為某種樣子，尤其是某種專家、成功人士或令人稱羨的樣子。書中，我們看到他，也映照出自己。

我好喜歡在這本書裡那種將溫柔與犀利融合為一的呈現。我曾經跟編輯李依蒨小姐開玩笑說，這本書的副標題可以是「如詩般優美，如 X 光犀利」，很奇怪的對比，卻是我翻譯後的心得。只是書裡的 X 光不是照別人，而是照自己，照見自己的堅強與軟弱，照見隱微與閃躲，溫和地。

這本書原文的副標題是Lessons on Mindfulness in Medicine，主要的對象是醫護人員，但所講的不是如何醫治他人的「正念技術」。隨著正念在台灣愈來愈流行，愈來愈多人以為正念是一種技術或一種心理學或心理治療的新技巧。而且這麼簡單，感覺上參加一兩個工作坊，讀一些文獻就可以上手或教人了。更棒的是，如此簡單的東西卻有這麼多的科學實證，證實它的多方效益，那何樂而不為。這其實是個美麗的陷阱，在正念的學習與練習過程中，如果自己無法真正獲益，那所闡述的一切就不是體驗上的真實，而是文獻上的真實，對自己、對他人的幫助都會很有限。身為一個助人工作者，勇敢誠實面對自己，可能比汲汲學習任何技巧都來得重要。正念，有技術層面，但更像藝術。藝術，有技術層面，但更像心靈對話。這本書是心靈對話，給所有助人工作者，也給所有人。

「你是助人工作者嗎？」

「不，我不是，我是業務員。」

業務員不是要幫助客戶買到最合宜的商品嗎？

「你是助人工作者嗎？」

「不，我不是，我是經理人。」

經理人不是要幫公司與員工落實最佳的執行方案嗎？

「不，我不是，我是工程師。」

「你是助人工作者嗎？」

工程師不是要做出最佳機器或組合，以促進使用者的效益嗎？

原來，所謂的助人工作者不僅止於醫師、護士、心理師或社工師。也許你身為別人的父母或子女，也許你是採購部經理、建築工人、食品製造商或證券商，實際上，你都是助人工作者，因為最終的服務對象都是人。如果心中沒有服務脈絡中的「人」，那麼，心靈早晚會僵化與硬化。心硬化，無視於人的存在，只看到我欲與眼前的利益，所會造成的危害與災難可以預測而無法估量，從這些日子以來，台灣社會從南到北，所面臨各種令人目瞪口呆的重大危機與災難可見一斑。因此，從寬廣遼闊的視野看，我們每一個人都是助人工作者，既助人也自助。面對自己各種的憂、煩、苦、惱，我們每一個人都需要自我療癒，我們每一個人都在走這療癒旅程，不論你有沒有意識到自己已經在道上。就像不論你有沒有意識到呼吸，你都在呼吸般。當然，可以的話，有意識最好，因為這樣才有機會好好開發並運用既有資源。可以的話，正念地開發這些資源更好，因為這可免於過程中無辜或無知的破壞或迫害，不論是對自己或對他人。

正念地走在療癒之路，是一種冒險。話又說回來，活著本身的時時刻刻，何嘗不是冒險呢？這本書讓我對於冒險中必然產生的痛苦與代價，有不同的體會、嶄新的觀點與更開闊的心量。這本書不大，所以我誠心地建議你，放下想要盡速讀完的匆忙慣性，或者即使第一次很快讀完，至少給自己一次機會，細細品味，慢慢地把自己讀進去吧。

回首這一年來，感謝薩奇博士讓我有機會翻譯這本書，二〇一三年十一月與他在北京的互動對我的影響很大。當時我處於人生的低潮，而且已經一段時間了，因著他的大力鼓勵與某個四兩撥千金的動作（紀錄於《正念減壓自學全書》），才讓我重拾內在的信心與心中的聖火，才讓我繼續勇敢前行，之後也才有「華人正念減壓中心」的成立。他總是在最關鍵的時刻給我最大的鼓勵。

感謝卡巴金博士在翻譯《正念療癒力》期間如家教般的大力協助。有幸能翻譯博大精深的《正念療癒力》是我無比的榮幸與祝福。當時所下的功夫，對於日後翻譯這本如詩優美、如X光犀利的《自我療癒正念書》有很大的幫助。

感謝華人正念減壓中心所有團隊成員，大家都是在正念的學習中獲益，因著想要把這份愛傳出去，而成為正念園丁、正念志工或各個領域的正念老師。大家在忙碌工作之餘無怨無悔又不計成本地付出，彼此相互支援的默契與用心，實在令我感動也充滿感謝。

感謝野人出版社的社長張瑩瑩、總編輯蔡麗真、編輯李依蒨。我們對彼此有很深的信任與尊重。在成書之際，因為我時間配置不均，讓大夥兒工作量突然大增，實在很抱歉也非常感謝！老實說，我非常感謝野人總是給我充裕的時間，很願意聆聽也很能溝通，他們不會為了完成而完成，而是在高品質下成書，這是企業的社會責任，也是你我的福氣。

每一件事情都有代價，如果翻譯這本書是我療癒之旅的一段路程，那麼，我清楚地知道，所付出的代價除了我自己的時間精力外，最重要的就是對家庭的影響。實在很感謝我兩個懂事、有趣又善體人意的孩子，宇晴和宇謙，他們總是能打理好自己的學校功課，讓我不需煩憂。二〇一〇年前，他們跟我一起去美國冒險，如今已從兒童轉變為青年，一路參與媽媽學習正念的轉變。多年來我工作時間非常長，即使在家裡也經常是在電腦前忙，陪他們的時間非常有限，因此我總是盡可能地減少晚上或假日獨自外出。

最後，我要深深感謝我的先生——江仕煌。每天晚上，不論我工作到多晚，他就陪我到多晚，我們兩個人一人一台筆記型電腦，我伏案疾書，他樂得看他想看的東西。他從來不會抱怨我忙到沒有時間煮飯、洗衣、收拾家裡。他盡量幫忙家務，但也不會讓自己過勞。他隔週回台中老家探望，而不會要求我要跟他一樣。他尊重我的每一個選擇，不但樂見其成，只要我提出來需要幫忙，他都會伸出援手。老實說，沒有他這麼多年無怨無悔的全力支持，我不可能在這麼短時間完成這麼多事情。

限於篇幅，許多在這過程中提供幫忙的親朋好友也許未能記下，但總是沒有忘記。

真正的轉變始於感動，這是一本可以感動你的書。療癒之旅的前面路段已經為你鋪好了，我們一起上路吧！

——胡君梅

目錄

〔前言〕

就在減壓門診開幕二十周年慶的前夕，我非常感動也很開心這本書即將問世[1]。長久以來，薩奇一直是我的同事、知己與道友。在他的書裡，娓娓道來在減壓門診裡的工作狀況，以及正念工作更深層的基本原則與實踐。正念工作裡蘊含了精緻簡約、廣大複雜，還有在結構、調性與潛能上的無盡可能。如同你將在書中讀到的，正念是內在與外在的用功，我相信正念對個人或社會，都是保持並趨近最佳狀態的重要方法。

不管你有沒有博士學位，在就診看醫表達某個問題或擔憂時，我們可能多少都有過沒被醫師看到或聽到的經驗。此時我們可能會感到不受尊重、有所欠缺，因此總好像沒做完或不滿足。隨著世紀的轉變與千禧年的到來，這樣的態度在醫學上已經不再認為是常態了。醫師們也愈來愈明白這種缺乏全然同在的互動方式，對病人或最終對自己都是有害的。比起幾十年前，現在我們就醫時不再只是被動的角色，我們獲得更多的資訊，在療癒過程中也比較像合夥關係。醫學院了解這個趨勢演變，因此現在的醫學教育有更多關於如何與病人同在、如何聆聽、如何不情緒性地隱藏自己、如何啟動病人的內在資源以促進學習、成長和療癒的訓練。即使已經長足進步，但距離醫療的再人性化（rehumanizing）還是很遙遠。我由衷希望本書將此變革過程更往前推進，更往下扎根；也希望本書成為醫學院學生與專業助人工作者的標準讀物。薩奇在教導醫學院學生時，在這方面著力頗深，扣人心弦地收錄一二於書中。此外，薩奇也是用相同的態度去面對各醫師轉介來減壓門診上課的病人，這些病人在這裡有機會用一種特別而難以想像的方式，來參與自己的健康照護與療癒過程。

整體來說，書中的故事呈現了更遼闊的醫療世界與健康照護，讓我們看到照顧者與病人之間的相互關係，甚至進一步啟動我們所有人雙向的學習、成長、療癒與轉化。這些故事需要慢慢、仔細、專注地咀嚼。薩奇在字裡行間的口吻和心靈是那麼令人震驚，時而像《舊約》的先知，時而體現了情侶間令人敬佩的敏銳，有時又像被自己無可避免的限制所綁架，而流露出痛苦與尷尬，那是一種擔憂恐懼又好想躲起來的衝動。身為讀者，我親身體驗過本書的豐厚情感，也親眼目睹它對數百名健康專業人士的影響。當時我們一起帶工作坊，薩奇誦讀書中的若干文字，至少四分之一的參與者深受感動而落淚，其他人亦震懾於那情感的力道與深遠的意涵。

譯注：

1. 本書於一九九九年問世。

薩奇在書中的語調是很獨特的。可以這麼說，即使本書的文體是散文，但它的節奏、影像、精神與情感，都迴盪著十三世紀蘇菲教詩人與聖人魯米（Jelaluddin Rumi）的著作，薩奇自由地從中汲取本書的架構與題材。然而，在內容與訴求上，本書又是完全當代的。它用直接輕鬆的口吻，道出人性中最深層、最美好卻又最隱微的層面，那是一種想要處於光中的渴望，即使擔憂恐懼瀰漫，即使總是活在腦袋中而鮮少活在全然的同在裡，不論是心理與身體，頭腦與心靈，身體與靈魂。在這些層面，若我們學習安住於寧靜與寂靜，就能不時聽到或看到那不斷活動底下的身心狀態。

《自我療癒正念書》運用交織的題材，形成了一個無縫的整體。從中產生一個清晰又引人注目的畫面，這畫面裡有人類的尊嚴、人類的受苦、人類的提升。而當我們可以在覺察中領受到這個整體時，我們也學會了立足於人事物的真實樣貌。這是將靜觀融入生活，也是將生活融於靜觀。**不論是何種年紀、面對怎樣的問題或情況，這都關乎療癒關係的雙方，亦關乎和自己的療癒關係、和家人的療癒關係。**書中不膨脹也不浪漫地真實呈現病人在八週正念減壓課程的種種體驗，交織著薩奇個人在各種角色下的體驗：老師、指導者、靜觀修練者、健康專業人士、家庭成員。書裡清晰忠實地呈現出，病人學員以及身為帶領者的我們，在彼此共同邁入這旅程中所發生的事情。這本身就是巨大成就與重大貢獻，擴展了我們的視野，去理解到底什麼是整合醫學、身心醫學、參與式醫學——簡言之，什麼是好的醫學（good medicine）。

本書書名原本要叫做「支離破碎卻依然完整無缺」，這些文字如此扣人心弦，傳遞出極為動人的連結，串聯起若干厚重的元素。薩奇在書中不同地方一再地詢問：「什麼東西支離破碎了？」也在不同的地方告訴我們，那支離破碎的是我們自以為孤立、分離、不夠格等狹隘限縮的自我觀感，這使我們害怕進入生命的圓滿完整，用薩奇的話說：「因著忽略生命的圓滿完整所衍生的症狀，因著努力把自己置於安全、單薄、無生趣的監牢裡而衍生的抑鬱。」這麼一來，正念工作其實就是一種邀請，邀請我們從慣性中釋放自己，從自製的牢籠中解放自己，開始聆聽自己的內在召喚與心靈的渴望。打個比方，就好像透過直接體驗的熱火來熬煮自我。於是，不論我們所處的狀態為何，我們都得以變得成熟、愉悅和完整。

在精神與心靈層面，正念練習的範圍既寬、亦遠、也深。作為一種帶來解放的練習，它要求我們面對與尊敬個人／集體的苦痛根源，當我們跟這些苦痛工作時，仔細地觀察它們。這樣的練習要求我們，願意好好觀察那令我們波動的一切，細心覺察情緒的深層意涵，學習站在自己的情緒之內，允許運用這些情緒的力量，協助自己進行療癒並催化成長，而不只是慣性地反應，讓自己漸漸被淹沒、慢慢關進自製牢籠中。薩奇用無與倫比的能力和敏銳度，讓他自己的生活與這些關鍵重要領域融合。EQ的創造者丹尼爾．高曼（Daniel Goleman）認為，情緒智商的基石就是對當下的覺察，這就是正念啊！就在這裡，薩奇親身示範並呈現，不論有多混亂或感覺快受不了了，帶著絕對的誠實與自我慈悲，「溫柔親切的專注」[2]（affectionate attention）是可以被培養出來的。這種專注對於深層地體驗自由或療癒中的傷口（不論是舊創或新傷）都很有幫助。

過去十五年來，我跟薩奇一起在減壓門診密切合作，相當愉快。在那之前，他是第一位完成正念減壓課程的實習醫師。一九七九年減壓門診剛成立時，無可避免總被視為是我的孩子。現在，二十年後，它已經不再是個嬰孩，當然也不再是「我的」了。這麼多年來，所有深深奉獻於此的教學同仁，在薩奇的悉心和愛心指導下，都已經將減壓門診視如己出。大家勤勉不懈的努力，創造出它現在的樣貌與規模，而本書正是豐富又有說服力的證據與見證。

我們非常重視老師。這意味著，在減壓門診教學，最重要的是，老師所教的都是來自於他自己真實的靜觀練習；最終而言，他所教的都是來自於他個人獨特的同在、直覺與體驗，再配合對於當下所發生一切的敏感度，以及在不同班級可能有不同需求的敏銳。如此一來，猶如不同的管弦樂團演奏相同的曲目，或者我們在不同場合讀到同一首偉大的詩，在八週的課程中，沒有任何一堂課是相同的，但課表總是一樣的。事實上，大家可以在《自我療癒正念書》裡的每個字、每一篇裡，感受到這般覺察功力的精湛。

如同書裡所映照的，薩奇是位不凡的老師與精神導師，他的勇氣、脆弱、熱情與智慧都呼應著。他是現任減壓門診的主任，也是正念中心臨床與教學部主任，他的工作深深影響了數以百計正念減壓課程的老師。在我撰寫本文時，全世界各地的醫學中心或診所已經超過兩百四十家提供此課程，同時在麻州大學醫學院也有數百位醫師接受過此訓練[3]。我個人從薩奇身上學習成長很多很多，尤其是在面對自己的軟弱時，更深層地了解軟弱的價值與害怕本身，學習信任心靈所選擇的道路；也接受在若干關鍵時刻，盤旋逗留與細細品味都是需要的。多年來，他的同事、病人與學生均受益於他的清明、幽默細膩、熱切眼神，以及他講故事的功力。現在，就在本書的字裡行間，全世界都有機會聽到這般多元、情感豐沛、格外溫柔慈悲的聲音，全然同在的聲音。仔細聆聽吧，不是你是病人、醫師、健康專業人士，或就是單純的一個人，也許，這聲音將拯救你的生命。

——喬・卡巴金

醫學榮譽教授，於醫療、健康照護與社會之正念中心首任執行長（Center for Mindfulness in Medicine, Health Care, and Society）麻州，烏斯特市

譯注：

2. 這是靜觀老師兼學者的 Corrado Pensa 所提出。
3. 此均為一九九九年的資料。薩奇從二〇〇〇年開始擔任美國麻州大學醫學院之「於醫療、健康照護與社會之正念中心」執行長。所有數據到二〇一四年均已倍數成長。

這本書的核心是療癒關係，探索在正念靜觀的培育下，此原型連結的動力樣貌。這方法來自於麻州大學醫學中心的減壓門診，在這裡已經有超過一萬名[4]的病患參與過此課程。全國各地數以千計的健康照護醫療專業人員，已經體驗過相同的方法，這讓他們更了解自己，也帶來深刻的轉變。然而，轉變的不只是他們自己，也包括他們所服務的人，以及兩方之間的療癒關係。

二十多年的臨床探究經驗顯示，正念是一條大道，一種內在的訓練與紀律，目的是學習接觸並帶著覺察進入各種挑戰，而這些挑戰在照顧自己與服務他人的過程中是必然會出現的。本書每一篇都是個邀請，也是正念運用於醫療與健康照護領域的開放探詢。不論你目前的狀態是健康的、正承受疾病折磨，或是健康照護的專業人士，這裡提供了若干方法，協助你將正念帶入日常生活。這些篇章有時候讀起來好像可以明確地區分為給醫護人員或給病患，實則不然。我採取的是平行描述，猶如煉金過程，當我們進入正念熔爐時，這過程會發生在我自己身上（一個健康照護專業人員），也會發生在減壓門診裡接受我服務的人身上。就像任何有意義的關係，我們將彼此帶入最需要關注之處，亦將彼此帶入自己最不想或無法承認／接受之境。**投入正念練習，將提**

供我們一種強而有力的觀點，讓我們可以看到那需要被關注之處；也提供我們一種學習與自己／他人互動的藝術與方法。我希望這本書能讓你對自己內在的力量與豐厚資源，有更深入的理解與信任；對蘊藏於療癒關係中的獨特性，有更敏銳的鑑賞力。

我們將一起探索並學習各種可能：當我們想把自己封閉起來時，能夠開放自己；對於不想要的或慣性的拒絕時（不論拒絕的是自己或他人），能夠誠實、坦率、關懷地面對；當我們想要逃跑時，能夠與他人同在並產生連結。如此一來，融入正念的療癒關係，就是一種生氣蓬勃的合作與互相轉化的歷程。我用自己的生活以及在課堂中學員的經歷，來探索這趟旅程中相互依存的普遍本質。書中的故事來自於彼此的分享與連結。雖然所有的名字或可辨認的特質都已經過改編（唯二保留真名的是「廢墟中發現的亮光」中的琳達和「放下」裡的泰德），所描述的事件卻是正確且不矯揉造作的。不論是對病人或醫師而言，參與這般漫長的探索，都需要像但丁或普西芬妮（Persephone）般，願意進入並穿越黑暗未知之境，唯有如此，才能發現那先前完全意想不到

譯注：

4. 本書於一九九九年出版。截至二〇一四年，已經超過兩萬人，詳閱官網：
https://www.umassmemorialhealthcare.org/umass-memorial-center-mindfulness

的豐沛完整。

撰寫本書時，我大量借重十三世紀蘇菲導師與詩人魯米，這是我長久以來的精神糧食。直到現在，我方能開始品味、消化與吸收這些無形的養分。因此，我特別感謝美國的詩人兼翻譯Coleman Barks，他的勇猛精進使他成為「一個耳朵」與一個工具，透過他的努力，我們才能接觸到魯米的智慧。

跟你一樣，我一直是個學生，持續找尋我的道路。當跟自己的無知愚蠢相遇時，感到非常迷惑與無盡的驚愕。面對尋求我協助者的天資才賦時，心中感到無比敬畏，他們確實給我好多好多。非常感謝有無數次練習覺察的機會，尤其是在跟同事共事時，也跟世界各地的醫護人士互動時。我向你伸出手來，希望在這寬廣無垠的領域裡，我們可以並肩同行一小段旅程。我寫出的每一個字，都已經被大聲地說出、喊出、唱出、低吟上百遍了。慢慢閱讀與消化這些文字吧，用你自己的聲音和語調低吟或唱出來；如果你願意，可以一而再、再而三地說出來。

PART 1
匯流

在這人世間，我們都曾實實在在經歷過軟弱、受傷、憤怒與重創，那是多麼痛苦的經驗，有時甚至覺得自己很可恥。在這些時刻，真實的自我展現；然而，我們感受到的卻只是自己的脆弱。當這些生命的苦痛能夠面對面地、以充滿仁慈的話語被涵容與分享時，我們將更能承載這些苦痛。

愛麗絲．華克（Alice Walker）

——《保存我們所愛的一切》（*Anything We Love Can Be Saved*）——

凱隆的神話

很久很久以前，古希臘偉大英勇的天神海克力斯受邀至半人半馬獸福洛斯的洞穴。當時，智慧而仁慈的半人半馬、同時也是偉大的療癒者凱隆也在場。為了感謝主人的熱情款待，海克力斯帶了一瓶烈酒過去與大家共興。酒的濃郁香氣吸引了許多不諳酒性的半人半馬爭相飲用，他們漸漸喝醉並開始打鬥。在一片混亂的互毆中，海克力斯的箭射中了凱隆的膝蓋。

之後，凱隆指示海克力斯如何妥善處理傷口。然而那箭上的劇毒是由幾乎殺不死的九頭蛇怪海德拉所製，因此凱隆的傷口將永遠無法完全癒合。偉大的療癒者凱隆可以治癒所有人，卻無法療癒自己。長生不死的他永恆帶著傷口，成為「負傷療癒者（wounded healer）的原型」。

伴隨著持續的傷痛，凱隆在位於珀里安山的洞穴裡教導數以千計的學生。據說，阿斯克勒庇俄斯（Asclepius）正是其中一名學生，他從凱隆身上學習植物的知識、毒蛇的力量以及負傷療癒者的智慧。經由阿斯克勒庇俄斯的傳承，希波克拉底（Hippocrates）得以開展醫學科學的藝術。

活生生的神話

現在是星期三晚上六點鐘，我與三十個人圍坐成一圈，他們第一次來到減壓門診。前三十分鐘我們簡單地聊著，在看似表面的過程裡，有著未被道出卻彼此共通的深層生命底蘊。之後，在不知不覺中，我們肩並著肩共同滑進這廣袤無垠的底蘊。

我說：「也許你可以說說自己的名字……或者聊聊是什麼讓你來到這裡……你有什麼期待……今晚你坐在這裡，盼望著什麼呢？」坐在我左邊的男士開始發言：「我叫做法蘭克。我有結腸癌，已經動過手術……也做過放療與化療……但我就是覺得不對勁，我自己知道，我感覺得到。我感覺自己動彈不得，有點兒麻木不仁……我的家人也都感覺到了。我想要過不一樣的生活……更有感覺的生活。」當他說話時，大家都安靜地仔細聆聽。他說完後，學員們微弱卻清晰地嘆息，證實了每個人都心知肚明，法蘭克用他自己的方式道盡大家心裡的共同感受。法蘭克環顧四周，彷彿第一次聽到、也感覺到自己話語的回音，眼神充滿了希望。他轉身向我，我們倆靜默地微微點頭。他閉上眼睛，整個身體癱向椅背，來自生命底蘊的淚珠緩緩滑落雙頰。

法蘭克左邊的比爾有點坐立難安，身體往前傾，低頭注視著地板說：「孩子們跟我正在吵架，我們的關係經常很緊繃。我真的很關心他們，也熱愛工作……生活真的是壓力鍋。我現在有高血壓，不喜歡自己變成這個樣子。」比爾的身體更向前傾，雙手手肘放在膝上，雙手托腮。他的身體似乎進入一種廣闊卻原始的寧靜，多年的記憶裹覆了他的眼神。突然間他回過神來，注視著對面同學的臉龐說道：「我必須採取某些行動。」

比爾在講話的時候，他旁邊的女士不停交叉雙腿，一會兒左腿跨過右腿，很快又變成是右腿跨過左腿。她的頭配合著腿的變化，不斷前後搖擺，當頭髮蓋過臉頰時，她會把頭髮塞到耳後。這樣持續了三到四次後，她以略帶氣音而清脆的語調冒出話來。

「我叫瑞秋。」她焦慮且顫抖地說。

「我正在復原期……我曾經是潔淨的。」她開始哭泣。

「已經十個月了……三個月之前我又再用一次……我已經乾淨三個月了。」她嗚咽地說。

「我剛被診斷出有愛滋病。」

一股震顫劃過教室。我們坐在一起，聆聽著也許是這輩子第一次聽到、卻又不想聽到的事情。我選擇撫慰瑞秋的方式既非言語，亦非行動，我安靜地承接她那猛烈衝撞著大夥兒心靈海岸線的強烈渦流。漫長的靜默，學員的眼神聚焦在她身上，也投注在我身上；關閉，敞開，無聲地傳遞，填滿。

還有二十七個人，今晚還有二十七個故事。某種程度而言，他們都知道自己為何會在這裡。然而，隨著逐漸開展的聆聽與話語，這樣的了解更深刻了些。對我而言何嘗不是如此，我沒有結腸癌，也沒有罹患愛滋病、高血壓或心臟病。然而，我深知自己也會陷入情緒或想法的慣性牽制，有時會受困於健康狀況，也會與孩子們爭執不悅。在面對自己的軟弱與缺失時，有時也會深感丟臉或可恥。我也會受制於過往的經驗，迷失於狂風暴雨之中。從內心深處，我知道自己跟大家沒什麼兩樣。也許，此刻我們的身體狀況不一樣，但在這單薄且短暫的區別帷幕之下，我們其實都是病人（patient）。病人這個字的拉丁字根是「pati」，同時指涉了我們的狀況，以及我們擁有「接受、容忍、承擔痛苦」的能力。**這是我們每個人都有的能力，也是我們共同的根基，潛藏了強大的力量。若能妥善運用，將能引導我們進入自身圓滿覺醒的搖籃。**

有趣的是，隨著這些故事逐漸開展的同時，我注意到團體中升起一股光明。那是一種解放的氛圍，卻又不是單純的宣洩。教室中最顯著的感覺不是沉重，而是深層的認同與感激。沒有讓我們陷入無助與絕望的情緒潰堤，而是類似大家一起捲起袖子幹活兒的心境，一種力量與勇氣的呈現。這，就是關係的開端。

我們呈現自己的傷口給彼此，指認出這些傷口而不被其毀滅。一般而言，當如此討論「我的」

痛苦或「我的」問題時，很容易激發對自我苦痛的強烈認同。然而，今晚卻顯現相反的情況。在我們逐漸認識彼此、看到彼此的共同性、也願意相互提攜的歷程中（即使也許只是短暫的片刻），「我的」開始消融。團體不由自主升起正念覺察的氛圍，我們坐在一起，仔細聆聽彼此，沒有評價、不給忠告、不冀求輕鬆的答案、也不激發淺薄的宣示。在實質與形式上，我們都坐在自己的位子上，也許這是最堅定坐在自己位子的一次，透過分享，我們更專注卻也更能承受自己的傷口，如同愛麗絲．華克描述的「面對面地、以充滿仁慈的話語被涵容與分享。」

雖然我是醫師，也是老師，然而坐在這裡聆聽大家，提醒我開始要跟大家一起工作了。對我而言，這值得一次又一次地提醒。我們將有八週的時間一起探索，以八週的時間進入彼此的生活脈絡，讓自己的生活因著這個開始而發光發亮。這不只是他們的事，也是我的事啊！我們每一位都是活生生的神話，既背負著凱隆的傷，亦天生具備善用逆勢以自我轉化的能力。不論自知與否，不管我們的角色為何，身而為人，我們都正邁向那神祕又普遍的英雄旅程。也許，我們真正的工作，就是要辨識出這樣的療癒關係，正是一種「自我映照的奧義」[5]，此奧義存在於何謂自我、何謂他人、何謂療癒自我等關鍵提問中。而此等提問確實體現了人類非凡的能力。

譯注：

5.（self-mirroring mystery）此為神祕學家喬瑟夫．坎伯（Joseph Campbell）的用詞。

內在的療癒者

喔，讀者們……

不論你現在是健康或生病，不論你的不舒服是表現在身體疼痛或心神不寧，你都有一種唾手可得的能力。那是被隱藏的寶藏，豐沛的繼承，你依然富足的提醒。想起來了嗎？想起我正在告訴你的美好嗎？那是好久以前就鑲嵌在你裡面的珍寶，無影無形卻真實存在，它時時與你相伴而你卻以為自己形單影隻。

你可以感覺到那在你裡面的生命嗎？彷彿來自你肚臍深處古老語言的呢喃，亦如輕柔稀薄卻淹沒你脣齒的微弱攪動。你聽得懂它的聲音，當你即將承受到開腸剖肚般的極度苦楚時，它出現了。當你半夜突然醒來卻怎麼也睡不著而低喃細語時，它也出現了。它是你的朋友，一輩子最忠實的夥伴。

也許，現在是你們兩個再度重逢的時刻，攜手共進每一個清新的當下。你跟我，都在尋尋覓覓這內在的珍寶。不只我們兩個，其實每一個人都是如此，即使表層的樣貌或舉止可能不然，或是心中有許多投射性的想像，但每一個人其實都在找尋自己內在的珍寶。或許我們可以結伴同行一陣子，但話說回來，我們好像也沒有別的選擇，不是嗎？

當我們提到所謂的成長歷程，過去的教導會讓大多數人忘了自己這股天生的同在能力，因此光是能回想起這股內在的光芒，就非常不簡單了。一旦與此內在本有的生氣活潑搭上線，肯定會讓我們的生活產生大翻轉。問題是，這世界充斥了既定成俗的孤立感，幾乎讓真實的滋養毫無立足之地，因此我們經常感到孤單或支離破碎。直到有一天，某個事件或環境，整個打散了生活中堅固慣性的結構，硬生生把我們拋回到自己裡面。這般的撕裂本來就是生命的一部分，而它可能偽裝成疾病、長期友誼的破碎或失去所愛之人。此時，我們可能處於無助、孤立與絕望，卻也可以把握住機會，慢慢開始分解自己堅硬的防護罩。

很幸運地，沒有人可以真正逃得了這筆帳，或多或少，我們都注定要直接面對。然而，就在這個點上，套用原型心理學家（archetypal psychologist）的用詞：我們開始「往下扎根，往上成長」。這樣的時刻迫使我們無處可逃，於是只能緩慢地在生活中學習與其同在。如此一來，這反而為我們帶來一些機會，得以消融分解內在最堅硬與固著的自己。有些人稱它為靈魂，你可以給它任何名稱。不論它叫什麼，在生活中我們確實可以分辨它何時是存在，何時是缺席。但是，因為它無法被觀察、無法被量化或以一般用詞來描述或分析，因此經常會被忽略，甚至被認定是非理性的，而被丟入黑盒子中。

這實在很盲目，也是近代強調邏輯的根本缺陷。因為這使我們原本可以從文化中獲得的支持與信任都被剝光了，也使我們遠離內在最堅強有力的盟友。這樣的社會偏誤，讓我們轉而向外追尋力量的泉源，只有當重病、死亡、病危診斷或生活重擔殘酷無情地持續壓在身上時，我們才驚覺有些東西不對勁了。即使在這樣的時刻，我們通常還是向外尋求權威式的避風港，完全摒棄內在的力量與療癒能力。

然而，我不是說當健康出了問題時，要捨棄專業意見的忠告或是放掉得來不易的醫療技術。相反地，我要說的是，健康照護與人性呈現是不可分割的一體兩面。如果我們真的想要活化健康照護，那將病人與醫者區隔成兩邊極端的勢力，就有必要重新調整。猶如負傷療癒者神話故事所傳遞的，每一件事情都有兩個面向。病人與醫者其實是綁在一起的，一種原型關係的兩邊端點。從表層看，我們會覺得這兩邊的端點代表著給予者與找尋者、助人者與受助者。這樣的觀點實在是太簡化、太便宜行事，也太貶抑心靈了。我們都是彼此的映照，在每一位健康照護者裡面都住著那位負傷者，而在每一位病人或受苦者裡面都擁有強而有力的內在療癒者。這是誕生於這世界的禮物。

無論我們的病症或病程、也不管我們還能活著或瀕臨死亡，在面對生病、疼痛或重大困難時，

那尋求內在力量的強度有多強，我們接觸與連結到自己本有完好整體的機會就有多大。也許，存在於病人與醫者之間最根本的任務，就是辨識出兩者關係的一體性，至少我自己的經驗是如此。這並不是說兩者的角色一樣，而是所有看似對立的兩端，從療癒的視域來看，都是雙向且相互流動，例如力量與限制、煩躁與興奮、恐懼與困惑、絕望與悲憫、悲傷與喜悅等。

假如既是病人也是醫者的我們願意重新審視自己的角色，就有機會著手改變我們的角色。在這般的視野中，蘊藏了一種新的、合作性的、參與式的醫療種籽，這正是本書要探討的主題。此外，本書也為了那些被揀選的人們，那些人通常擁有良善且鼓舞他們的醫師，這些醫師建議他們來接受正念訓練，一種轉向內在自我，開發豐沛資源的訓練。這也是我的任務，在全程參與的精神下，你將會在書中發現我；然而，最重要的是，我希望你可以發現你自己。每一個旅程都有風險，正念之旅當然也不例外，任何特質在強化的過程中都需要付出代價。無論如何，開啟此旅程都是重要的轉折，一種非預期善意的湧現，一種源源啜飲你生命之泉的良機。

你那溫柔的召喚

喔，療癒藝術的僕人……

你也在尋找某種治療嗎？是否，在你內心深處潛藏著久遠的痛苦，把你整個人包裹起來，私底下你相當渴望獲得某種補償或療癒卻完全不敢承認？讓我們好好聊聊吧！不然你怎麼能幫助到別人呢？如果不是這個尚未閉合的內在傷口需要妥善處理，那會是什麼在召喚著你呢？

注意了，我的朋友，我們每個人都是負傷者。歡迎回家！不需要再躲躲藏藏！支離破碎又充滿渴望，我們一直在尋尋覓覓，尋找那可以讓我們回復為完好整體的方法。助人，只是呼應了我們渴望追求完好整體的一種外在呈現，不是嗎？療癒專業的核心，是一種實現與完成，實現我們想要服務、想要給予，以及想要復原的渴望。表面來看，我們致力於復原他人，但在某個層面，我們心知肚明，根本沒有所謂的他人。

但是，我們卻掛上一個吸引人的招牌，非常完美！多棒啊！老實說，我們都需要夥伴，各種才能、樣貌、狀態的兄弟姊妹，結伴同行。猶如在沙漠中的旅人參與駱駝商隊，共同一步一步邁向蒼翠繁茂的綠洲，那幾乎被我們遺忘的豐沛鮮綠。為什麼要偽裝自己，好像自己跟尋求我們協助的人是不同的？這樣能達成什麼呢？為了這樣的遊戲，我們得付出什麼代價？你看得出來嗎，這種遊戲、這般的保護，本身正透顯了某些神祕的東西被隱藏了。一種神祕的欺瞞，令人陶醉的舞步，精心策畫的誘惑，慢慢一點一滴把我們帶離那古老的神話。我們都在尋尋覓覓，卻以為自己是帶領者。多聰明的花招，就好像那由我們摯愛的人所善意策畫並小心隱藏的驚喜派對，為我們帶來歡樂與欣喜。

假如，話語和音樂是一種更深層寧靜的充分表徵，那麼，創傷與缺陷肯定就是我們原始圓滿完整的徵兆；假如，言詞是指向那沒有說出來的話語，那麼，我們所感受到的缺陷、脆弱與敏感的傷口，肯定就是自我力量的表徵。這般易感的溫柔是一種入口，我們卻把它給藏起來了。我們稱之為缺陷，從來不知道這正是通往奇蹟的入口。魯米如此提醒我們：

把你的傷交給導師來手術吧
蒼蠅聚集在傷口上，塞滿了傷口
那些蒼蠅是你的自我保護

也是你的執愛，執愛於那些被你認定是你的一切
讓導師揮開這些蒼蠅吧
在這傷口上貼上一層膏藥

別轉頭，繼續看
看著被包紮起來的地方。那正是
光亮入你之處

完全別相信，即使只是一瞬間
你正在療癒自己。

——魯米〈兒時玩伴〉

我總是直視各種割傷、傷痕、縫針或打針。小時候，我會仔細看著細針穿過皮膚，因著針筒

而引發的液體流動，不論是注入或抽自身體，我仔細觀察那慢慢穿越肌肉的黑色物質。我就是想看。當我小時候，媽媽通常會抓著我的手大叫：「別看了！」當我慢慢長大，她會說：「你為什麼要看呢？也太入神了吧！」那確實是既單純又神祕。這就是我們之所以會著迷於某些事物，也關乎我們的覺察如何覺醒。

別轉頭，繼續看
看著被包紮起來的地方。那正是
光亮入你之處

我相信在你內心深處的某個地方，早就了解這三句話的真義。然而，即使了解，我們依然持續轉頭，轉而背向我們自己，背向我們自身經驗的完整。**如果我們連自己的傷口與所厭惡的一切，都不想看、不想承認、不尊敬，不在我們能感受到的當下加以探究，我們怎麼可能對別人做到這些呢？**數十年來，我見過無數的醫護人員，他們苦於那種說不出來的距離，那隔開自己與尋求他們協助者之間的距離。他們渴望事情有所不同，卻不知從何開始。在此同時，我遇過更多的病人，透過新的眼光直視那被包紮之處，進而碰觸並連結到他們自己的內在力量。睜開雙眼吧，堅定地看著最困難與痛苦之處。此時，在某個深層的地方，你將發現那正滲入的亮光。就在這裡，在此覺察之處，病人與醫者得以真誠相遇。

假如我們心眼維持睜開，就會發現療癒關係本身就是一條道路。在這大道上，你我共同攜手，讓精心設計的疆界模糊，讓持續的覺醒進入你我彼此之中，撼動著內在的才華與光輝，漸漸復原深層恆久的喜悅。過去太長的時間，健康照護不是被視為以醫師為中心，就是以病人為中心。事實上，療癒關係永遠都是相互轉化的熔爐。單單就只是願意和另一個人會心地相遇，就是非常重要的轉化因子。在這相遇中，我們也邂逅了自己的弱點與強項。然而，經驗告訴我，假如我無法進入我自己，那麼，我根本不可能用相同的方法進入他人。

要踏上這條大道需要方法，需要學習確實專注於當下一切的能力，也就是正念。不過，正念不是一種技術，而是愛的行動。當我們跟他人在一起時，願意打開心眼地看見，願意承接自己真實的樣子，這過程本身就是深層關懷和療癒的最佳顯現，也是慈悲心的體現。慈悲，開始於自己。不論我們是提供或尋求協助的人，我們都是負傷者，同時也都是完好且圓滿的整體，只是這般相互依存的事實大多被我們忽略了。當我們願意承認並承接此相互依存的事實，一種自我親近與療癒的旅程自能就此展開。

對病人而言，失去平衡，感受不到自身完好圓滿的整體，卻清楚感覺到孤立與限制，都是他們困境的核心議題。老實說，這也是我們每一個人的議題——不論我們是提供照顧者或尋求療癒者。如果一位醫者真心想提供協助，甚至提供療癒，他就必須能夠進入並真正了解病人的困境、不確定性及認同混亂等。這樣的感受力是我們都擁有的，每個人心中都有這般引導方向的北極星，也都住著一位凱隆——負傷療癒者。想要用這種方式進行探究，唯一有效的方式，就是照護者必須學習停止一個幾乎是成癮卻有害的事情，那就是一直想要做些什麼事情的衝動，即使只是短暫停止都好。這需要學習如何慢下來，如何進入病人有血有肉的世界，直接面對眼前的這個人。然而，在這個過程中不需要放棄得之不易的各種知識、技術與臨床經驗。

如果健康照護者全然真心地想要提供協助，就必須展開這樣的旅程。然而，這不是無痛之旅，亦非重新做人，那些方法通常會強調不斷日新月異的改變、要如何獲得什麼、要如何順利邁向成功或克服困難等。確實，這些都有其重要性。然而，如果我們只從這些角度與標準來面對我們內心的助人召喚，不論是對我們自己或對我們所服務的對象，都將是一大損失，遑論我們心中那想成為一個真正活著的人的使命。

當我們從這個位置觀看，那些尋求我們協助的人，那些被稱為「病人」者，其實都是我們的老師。這些老師所提供的指導隱微又深刻，他們以卓越的方法與精準的要求，持續地讓我們回歸自己。當我願意停下來、靜止下來、直接面對眼前的這個人與每次的情況時，我經常可以感覺到，那股全然同在的力量，自然會將自我保護的蒼蠅揮乾淨。如此一來，這不預期的深層連結反而成為膏藥，溫柔地敷在愴然孤立的傷口上。於是，我們都是彼此的醫師，也是彼此的病人；一枚硬幣的兩面。

別轉頭，繼續看
看著被包紮起來的地方。那正是
光亮入你之處

這三句話，是我們開始這段旅程唯一需要的指南。

PART 2

別轉頭

現身吧
好好專注
說實話，沒有評價或指責
亦勿執著於結果

安哲莉·亞立恩（Angeles Arrien）
——《四方之道》（*The Four-Fold Way*）——

第一週

我們的教室與小兒科使用相同的走道，因此經常會看到小孩子。當我走進二樓大廳時，可以聽到小腳丫子輕快的跑步聲，那好像是暫時脫逃身體屈辱的勝利歡呼，後面則緊追著大腳丫子。早上八點五十分之前，教室裡已經有十到十二個人，教室外鞋靴整齊排列。在走道處我見到許多護士，其中一位看著那排鞋子微笑。她們已經很習慣我們了，有時候我很好奇，她們是否也渴望進入教室，以獲得暫時的停歇。我們時而眼神相會，隨後各奔東西。

教室裡有人聊天、有人靜默，在簡短的介紹後，我跟大家說在正式開始之前再稍候一下。然後我站起來環繞教室，跟每一位學員握手打招呼，也問問名字。九點左右，教室裡大約有二十人；到了九點五分，全部到齊。我跟一位坐在門邊、戴著墨鏡的女士打招呼時，注意到她正在啜泣。也許，要進這個門對她而言是挺困難的。有時候我還真懷疑，對病人學員而言，他們在這減壓門診最困難的第一件事，會不會就是進入這間教室的大門呢？她顫抖的手，從墨鏡後滑落的淚珠，似乎正是一種印證。

與這三十個人坐在一起，彷彿在機場的候機室。通常我會這樣開始：邀請大家找個舒服的位子坐著，轉身朝向教室西邊的大落地窗。有些人調整位子，有些人扭轉上半身，有些人手臂放鬆地坐在椅子上，有些人選擇坐在地上的坐墊。教室的每張椅子下面都有各種顏色的靜觀坐墊。我邀請他們允許眼睛單純地接受任何映入眼簾的一切，整間教室很快就沒有聲音，人們安靜下來。我建議大家開始去注意，在這過程中我們的心一直想要為看到的一切「命名」的現象；當這個現象發生時，就單純地觀察，溫柔且不用力地把注意力再帶回純然地看到。靜默伴隨著持續增加的平和寂靜，邀請我們維持在一種無言無語的狀態。這是我們第一次的靜觀。

當這個突如其來的專注觀察進入尾聲時，學員的注意力漸漸離開窗外的世界，回到教室裡，然後我放三顆葡萄乾在每個人的手掌心。一般我很少這麼快進入這個主題，然而今天大家的專注是如此清晰普遍，這美好的機會實在不容錯過。我們在嗅覺、觸覺、視覺與聽覺上探索這些葡萄乾好一會兒，我請大夥兒說說自己對葡萄乾「赤裸裸的」體驗，大家似乎不容易精準說明。我邀請大家用這種方式分享：單純確切地指出自己在當下所注意到的一切即可，不需要任何多餘的東西。學員你來我往給出許多評論，有些嚴肅，有些風趣。

我們的討論感覺起來好像是遊戲與科學的交鋒。透過單純徹底地專注於平凡的事物，天生的好奇探索油然而生，而這正是科學發展的基礎。就在大夥兒熱切而持續地想要看清這「葡萄乾」

時，我們內在本有的覺察當下能力，猶如捲起的旗子在風中展開。然而這般的能力，卻經常因著我們慣性地栽進未來或徘徊於過往而消失無蹤。如此慎重的專注正是（也將是）未來兩個月我們團體工作的基礎。

我們一顆一顆慢慢地吃葡萄乾，專注於觸覺與味覺，留心任何因著這個小動作所引發的微細或顯著的身體感覺，留意任何伴隨而來的想法或感覺，不論是愉悅的或不快的。過程中，這小小葡萄乾從「外於」自身的物品，搖身變為身體親密的「內在」元素。對葡萄乾深惡痛絕的人起碼也試了一顆，在這三十分鐘的探索之旅中，他們運用了這個機會與厭惡的葡萄乾互動。有些人開放地討論這種厭惡感，也問我是否能立刻丟掉還沒吃的那一顆。有人感覺到愉悅，有人想要更多，還有人對於最後一顆「就要消失了」感到坐立難安。在未來的兩個月，我們會經常造訪這樣的心境。

早上除了這些分享，我與學員們其實都還只是初識，大家肢體多少有些僵硬地圍坐於教室內。雖然每一位學員在進來課堂之前都有個別會談，確認了解課程中的相關細節，不過今天我還是想確定一下大家都知道接下來的狀況。因此我決定稍微檢視我們的行程，不會進入太細節的東西，只提一下這旅程所需的投入承諾與模式。當我這麼做時，經常會邀請每一個人自問，他確實想留下來嗎？假如答案是否定的，不用不好意思，可以自在地離開，有時候我會在課程一開始就這麼說。今天，我們安靜地坐在一起，大家彷彿用微笑、點頭與平靜說：「出發吧！」我們以自我介紹開始這趟旅程，每個人都有機會介紹自己的名字，說說為何來到這裡以及內心對課程的期望。我問有沒有人要先走，因為最後一個走可能會很尷尬，大夥兒大笑，有一位說她確實需要先走的女士開始說話。

「我可以告訴你有關約翰的事。他是一位外科醫師，六個月前才動了心臟瓣膜修復手術，終其一生都是『慣性工作狂』。現在他準備回去繼續當醫師，也努力調節自己工作狂的行為習性。另一位陶樂絲則是有心絞痛的高中音樂老師，她形容自己一向非常友善，從來不會捍衛自己，卻覺得好像快『被榨乾』了。不過，今天我更想跟大家說說瑪麗安，就是在門邊啜泣的女士。」

她開始自我介紹，以一種放棄的語氣告訴大家眼前所看到的並非真正的她。她的話語印證了我們多麼容易以放棄者的姿態過活；如果我……，假如我是她的話……，想當年我年輕時、在這件事發生之前……她的話顯示出我們多麼容易斷絕自己與真實生活的關係、多麼容易與自我隔離。

瑪麗安告訴大家，她現在最想做的事情，就是拿回自己的人生。長期以來，她一直都是相當拚命的女企業家，很習慣有成就、能掌控，甚至是每個人的照顧者。現在，她卻有嚴重的焦慮症伴隨恐慌症。不管到哪裡，她都背著一個活像急救袋的包包，裡面有水壺、鑰匙、通訊簿、整批藥物、勵志書籍等等。那袋子放在地上，緊緊靠著她。她半哭半笑地說，這個袋子是描述她的困境最具體的東西。我仔細地聽她講話也看著她，真希望能看到她的眼睛。不過我們互動的時間還太短，不適合要求她拿下墨鏡。她說的最後一句話讓我很震撼：「我要拿回我的人生。」她說完這句話後，我們沉默了一下，然後展開簡短的對話。

薩　奇：當妳說「拿回我的人生」時，妳是什麼意思，可否請妳多談談？

瑪麗安：我想要回到從前的樣子，在這一切都還沒有發生之前的樣子。我要回到過去熟悉的自己。

薩　奇：妳認為妳可以回到以前的樣子嗎？我不確定妳是否可以；即使可以，我也不確定妳是否真的想要如此。

瑪麗安：過去的我是那麼堅強、那麼有活力，能有效處理各種情境。但現在的我卻活得一團糟，一定要帶著這個背包。我無法開車過來，有人帶我來。我正在做治療，經常哭，所以眼睛總是紅紅的。我要變得更好。

薩　奇：當我說我不確定妳是否能回到妳過去的樣子，不表示妳無法如妳所說的「變得更好」或者成長，其實妳確實也已經改變了。剛剛妳跟大家說妳經歷了一些事，讓妳不得不改變，我們都不知道未來的妳會如何。但是，如果妳一直將過去的妳，覆蓋於現在的妳上面，也許，妳會把各式各樣的可能性關閉在外。妳了解我的意思嗎？

瑪麗安：也是。

瑪麗安的「也是」裡面充滿了放鬆與困惑。放鬆來自於，似乎有新的可能與機會正在浮現，困惑來自於，她似乎領悟到在未來的旅程上，目的地不再那麼清晰可辨，一種不確定感油然而生。

在這第一堂課上，瑪麗安彷彿幫教室裡的很多人說了話。**每一個人都想「拿回人生」，但我們真正的意思是什麼呢？除了好好過自己的生活，我們還能做什麼呢？**也許，瑪麗安要告訴我們的是，在未來的人生旅途上她想要更清醒地活著。因此當被探詢是否準備好登機、展開這趟自我探索之旅時，她肯定的回覆是最清晰的呼應。我們都不知道肯定回覆之後的結果會如何，不論是瑪麗安或其他人，只有時間知道。此時此刻，我們真正唯一能做的事，就是與持續出現的挑戰和平共處，**踏進過程中的種種可能，投入安哲莉・亞立恩的邀請：**

現身吧

好好專注

說實話，沒有評價或指責

亦勿執著於結果

處在當下

這簡單的三個字包含了正念練習的重要精義，要求我們處在當下，深入觀察在我們眼前所呈現的一切，仔細觀看我們所不想面對的，就這樣，沒別的了。「別轉頭」。

正念，是一種刻意時時刻刻專注於當下的能力。本質上，個人健康與健康照護這兩個領域是相互依存的，而正念在這兩個領域都是唾手可得的堅強盟友。不論是對身處苦痛者或是協助降低苦痛者，如此細微的關注都是療癒過程中的關鍵要素。醫療人員每天都需要跟「被包紮處」面對面，彷彿以一個「他者」存在著。然而，所有我們稱之為病人者，更像是他們隱藏了自己，來到我們面前，進入了我們有所不知的當下，猶如一面空鏡。而當我們瞥見「他們的」撕裂傷痛之處時，出乎意料之外，我們也看到了自己的反照。同樣地，身為病人，我們一方面面對著疾病，也面對著不想要的一切，另一方面又接受著醫療人員對我們未來強而有力的建議；在這樣的時刻，我們非常容易遠離自我，迷失方向，不再相信內在的智慧與自我導航的靈敏度。

但是，在這些時刻，如果我們願意停下來、處在當下，我們就有機會學到很多。在這些時刻，不管我們的角色為何，我們都在冒險，都直接面臨迷惘、不確定或某種斷裂。因此，我們經常會無聲無息轉頭走開，這是我們都有的慣性。可以理解，畢竟沒有人想要被傷害。然而，正因這樣的慣性是如此普遍，我們的意向，以及持續回顧好好處於每一個當下的自我承諾，就提供了豐沛龐大的資源。就我個人的經驗而言，當我願意停下來並讓自己處於當下，就能看得更清晰，也能更直接與當下每個交互相關的環節相遇。這般溫柔地直視，讓我對於正在開展或過去的人生，有更深層的理解與洞察。此洞察讓我有機會對當下的狀況做出有覺察地回應，選擇最適合當下情境的做法，而非總是採取慣性反應，也就是出於恐懼、習慣或某種長期訓練下的行為模式。

生而為人，我們都很習慣不處在當下。正因如此，這種能被我們感知的缺席（felt absence）其實是堅強的盟友，也是正念練習之所在。每次當我們意識到自己沒有跟自我或他人同在時，弔詭的是，就在此時此刻，我們已經處於當下了。**假如我們願意把整個人生看成是練習，願意看到我們沒有處於當下的那剎那覺醒，再配上想要維持清醒與覺醒的意向和意圖，總的這些就能帶領我們活在當下**。如果依照我們強烈慣於缺席於當下的現象，我們能夠練習處在當下的機會，實在多得不得了。

〔練習〕

轉向呼吸

在這星期，我們要實驗將注意力轉向呼吸，猶如鞦韆般來來回回地呼吸。你會發現，即使在日常生活的一般性活動中，你都可以接觸到這個永遠存在於當下的生命律動，例如：洗澡、摺衣服、洗碗、跟小孩玩、寫報告、看醫師或看病人、與朋友或同事交談、坐在電腦前面等，都是培育覺察的好時機。同樣地，倒垃圾、跨進或離開車子、吃午餐等，也都是可以停下來、觀察、親近自己生命的時刻。

轉而向內

現代社會似乎總有個假設……要觀察一個人，唯一需要做的就只是「向內看看」。從來沒有人想到自我觀察可能是一種高度紀律的技能，而此技能所要求的訓練時間，可能比任何我們所知的技能都來得長……相形之下，在東方與古老西方的心理訓練素養，其核心正是這般的自我探究。

——**雅各．尼德曼**（Jocob Needleman）《**宇宙觀**》（A Sense of the Cosmos）

在服務的專業裡，一般而言我們會用業務／執業（practice）這個詞來表示所從事的工作，例如法律業務或醫療業務。這通常暗示著一個人的生涯屬性，以及他與被服務對象的關係。心理治療師經常會說他們是私人執業（private practice），表示他是以私人的心理治療維生。醫師的執業也是相同意義，只是可能會再多加上特殊字句，以表明特定的服務對象，例如風溼病學、家醫科或精神科的「執業」。

說來奇怪，現代對業務或執業這個詞的工作定義，幾乎都意指一個人為另一個人所做的某種外在活動。在當代的詞典中，我們幾乎找不到把業務或執業，視為是一種需要對自己內在工作的意涵。換言之，對於所選擇的服務領域，在獲取專業知識的同時，如果我們真心想要全面做好這個專業工作，確實需要持續不斷探索自己的內在。這個現象，到底只是出於我們把這兩個領域的不可分離性視為不證自明？還是我們在使用業務或執業這個詞時，某些重要元素已經喪失了？有位臨床醫師如此描述她的工作夥伴，「他是一個很棒的醫師，對專業領域瞭若指掌，不過他對病人的態度實在很糟。」她觀察到了這種在執業時欠缺內在向度的現象，許多健康照護人員也有這種感知缺席的現象，他們盡心盡力服務尋求他們協助的人，在此同時，卻幾乎不花任何精力在自己的健康上面，非常不願意全心全意投入於「練習」（practice）成為一個病人。

有次我跟一群醫學院的新鮮人討論，當時我親自領受到感知的缺席與現身。那次我與學生討論他們第一次解剖屍體的經驗，尤其是在他們必須掀開覆蓋在屍體臉上、以保護情緒的裹屍布時，而這具屍體在未來幾週的解剖學裡，將成為一隻大腿、一個胸廓、一個胃。

在大部分時間裡，他們都用一種清晰堅定的語氣在討論，那是在醫學訓練過程中逐步架構起來的冷靜。然而，在提到他們的恐懼時，例如凝視死者的眼睛、打開頭蓋骨、在防腐肌肉的偽裝下與死亡如此地靠近等等，他們的態度開始轉變。有的聯想到自己日漸老去的父母或祖父母，有的想到加護病房形如屍骸卻仍有心跳的親人，有的提到在開腸剖肚時令人震撼又難以承受的感覺，這些，改變了他們談話的語調。科學式的語調與估量降低，揚起了那被制約的呼吸，喚醒了先前未能流露的情愫，這使他們眼露不安與泛紅，大家都進入某種親身同在的狀態。這使我們轉而向內，直接面對個人終將死亡的赤裸呢喃，允許我們用不同的耳朵聆聽，聆聽那在回應生命曲終人散時，深藏於體內必定會有的衝擊與震顫。

當天下午離開教室時，沒有人被情緒的苦痛所癱瘓，他們朝向實驗室繼續進行該做的事。也許，就只是也許，他們將進入那廣闊的世界，在那個世界裡對生物醫學的追求，不至於讓他們過早地排斥自己神祕靈魂的脈動與歡騰。細細地傾聽這個在執業歷程中啟發人心的層面，可以讓他們活得更像個人，也將是個更好的醫師。其實，不論我們的工作或角色為何，這對我們每一人都是適用的。

〔練習〕

覺察呼吸的靜觀

靜觀練習需要紀律與持續的努力。然而，在心裡，正念靜觀就是關懷，是一種願意直接承接迎面而來的不舒服與疼痛，沒有評價，不過度用力、不操控，亦不矯揉做作。這般溫柔、開放、不評價的方法本身既無情又仁慈，對我們的要求遠超乎我們的想像。而培育這般時時刻刻活在當下的能力，覺察呼吸是頗有效益又隨時可用的方法。

找個舒服的位子坐下，地板或有垂直椅背的椅子都可以。如果你是坐在椅子上，看看是否可以不靠椅背，用自己的力量撐起自己（除非你的背部有問題），放鬆筆直地坐著。腳底板穩穩地放在地上，兩膝蓋和雙腳的距離與臀同寬。雙手舒服地擺放腿上，手掌心可以選擇交疊、向上或向下。如果你是坐在地上，在屁股下面放一兩個坐墊，能讓你的骨盆自然向上挺直、膝蓋著地，這樣更有支撐，可以坐得更穩固。同樣地，雙手放在舒服的位置。

現在你已經坐好了。

允許自己單純地領受挺直、穩固、莊嚴坐著的感覺，不做作……安住於自己的位子，覺察呼吸的流動，感覺吸氣與吐氣的節奏，感覺氣息進入與離開身體。可以去覺察氣息的進出所帶來的腹部起伏，或者在鼻孔處感覺氣流，或者感覺完整氣息的進與出。不是要思索呼吸，而是感覺呼吸，也就是在氣息一進一出的過程中，身體真實的感覺。沒有要去哪裡，也沒有要改變什麼。單純地覺察呼吸，在這身體裡，來與去，進與出。任何時候，當你發現心飛掉了，不再覺察呼吸，就溫和而堅定地把自己帶回來，帶回來感覺呼吸，猶如潮浪般的吸氣與吐氣。

心飛掉的現象也許在五分鐘內會發生五十次，這是正常的。每次只要你發現心跑掉了，就溫和而堅定地把自己帶回覺察吸氣與吐氣。不需要責備自己，不需要緊抓住任何浮現的念頭。持續呼吸，乘著吸氣與吐氣的波浪……就這個呼吸……這個呼吸……這個呼吸。單純地安住於呼吸之流，猶如返鄉遊子，回家了，透過覺察呼吸，回到完整的自己，圓滿的自己，就在這裡，就是現在。

在未來的一週裡，試著多練習幾次，時間從五分鐘到三十分鐘不等。如果你願意的話，試著慢慢增加「正式」正念練習的時間。

鏡子

坐在我左邊的先生是三十個學員中第九個講話的，他調整一下椅子，清清喉嚨，他說三個月前因為心臟病發作，一切戛然停止，年僅五十五歲就被迫從營建貿易中退休。他大約一百七十公分高，七十五公斤，看來強壯結實。

「我叫恰克，」他的聲音開始比較大了點，「我不知道為什麼要來這裡！我老婆要我來！我的醫師要我來！我兒子要我來！」

他的身體前傾，更大聲地說：「此外，我只想跟這教室裡的小姐們講話！」

教室裡掀起一陣騷動，男人們往後靠向椅背，女人們則幾乎一致地向前傾，直挺挺地坐著，顯得非常警覺。恰克拉高嗓門繼續他的故事：「當時我跟老婆正開車進城，有人打開車門開始對她胡說八道。我氣沖沖下了車，衝去給那傢伙一拳。然後我老婆大叫『回到車上』，於是我就回來了，我感覺自己就這麼大。」（他用拇指與食指間比出一點點的空間）。然後他幾乎是用吼叫地說：「所以，如果我顯得有點兒興奮，有什麼不對？」

整間教室陷入一片死寂。大約過了十到十五秒鐘，坐在我右邊的勇敢女士開口了：「所以，你不知道為什麼要在這裡？」恰克充滿自覺的一聲大笑劃破了凝重的氛圍，接下來又是令人不舒服的沉默。

如果故事到此結束也就算了，頂多是個充滿諷刺的笑話，但事實不然。當時恰克整個人往前，穩穩地坐在椅子的邊緣。他膚色黝黑，拳頭緊握，脖子繃緊著，身體就像被撥彈的小提琴弦般有節奏地抽動著，沒有笑聲，就只是眼神呆滯看著前方。我站起來，慢慢走向他，問道：「恰克，這是多久以前發生的事？」他似乎從遙遠的地方被叫回來，看了我一眼，他伸出食指的右手臂緩慢往上舉起，往上方劃出弧形，似乎要舉到大家可以看到的高度，然後他說：「一年前。」有人倒抽一口氣，大多數人則維持沉默。

此時，我大可以談談如何讓自己「停下來」，或者說說每個人都有「放下」的能力，但若如此，就會犯下一個嚴重的錯誤。畢竟這些話由恰克來說，會比我說來得有說服力。課後我們做了點討論，不帶著任何的批評或憎惡的語氣，恰克說自己實在不想參加減壓門診，也不想學靜觀。當時有些人站在周圍聽我們的對話，恰克毫不掩飾地說著，一點兒都沒有不好意思的樣子。我感覺到恰克決定不上，對其他人而言好像是一面鏡子，迫使他們回頭看看自己的決定。**鏡子就是這樣，不求任何的回報或反饋，就只是反映出真實的樣貌。**

〔練習〕

專注於呼吸的質地

當你與自己的呼吸逐漸建立起熟悉感時，試試看，時時刻刻注意自己呼吸的品質，例如當你步行於走廊、與同事或病人或醫師講話、叫別人做事、坐在客廳的時候。留心觀察當時的呼吸是深或淺、是急躁或和緩、是輕或重，還是幾乎感覺不到。在留心呼吸的流動與質地時，也覺察身體的感覺，你將學習很多。不需要任何的分析或解釋，就單純地注意身體的各種感覺，例如緊繃、沉重、疲憊、輕盈、疼痛、通透與體溫，猶如注視著你自己生活的鏡子那樣。

心

這個年代有無以數計的方式，可以讓這顆心處於被剝奪與飢餓的狀態。當我提到「心」這個字，指的是一種深層的感覺，超越時間、空間和線性思維的連結。那是在想法出現之前令人動容的美感，在日常生活孤單分離錯覺下的無窮悲憫。那是渴望已久的溫柔，全然地被了解，無言、無聲、寂靜，卻生趣盎然。對此，我們稱之為愛。

人類的心有兩個極端。一端是超級巨大又非常敏感的儲藏所，遠比耳朵靈敏千百萬倍的聆聽功能。另一端是散發無限光輝的大熔爐，能夠把感知到的一切轉化為溫潤的淚珠、陽光與歡笑。

我們從這真理之境被流放在外已經太久遠了，內在的智者早已被打發走了。我們那線性散漫的心智漂離了它的停泊處，它合宜的歸屬。我們建造了一艘船，卻誤以為那是海洋。在病人或醫師的標籤背後，我們其實都在同一艘船上，同樣渴求生命之泉。也許，我們真正的工作，就是在自己裡面有意識地培育這般的覺察。果真如此，這項任務將需要我們付出一切，既殘酷亦無可妥協。**當然，這不表示我們得壓迫任何一個人（這個人也包括我們自己），而是允許自己深深被觸**

動，將心門開啟；允許自己持續改變，以超越原先的認知。

那顆每個人都想要的紅寶石已經掉落在地
有人認為它在東邊，有人認為它在西邊
有人說，「在原始的地球岩石間。」
有人說，「在深邃的湖裡。」
卡比爾的直覺告訴他，紅寶石在裡面，它真正發揮價值的所在
卡比爾用他的心靈之布，小心翼翼擦拭著紅寶石

——**卡比爾**[6]《卡比爾之書》（*The Kabir Book*）

譯注：

6. 印度古詩人，一三九八～一五一八。

〔練習〕

悉心照料小紅寶石

許多人在提到這個內心珍寶時，很容易聯想到他們的摯愛，也許是一個人或一隻動物。有時候，光只是想到心愛的人受到傷害或處於苦痛，就會立即激起我們內心惻隱與關愛的強烈波動。而當我們感覺到被關懷或被愛時，總會有心心相連的感動。不時刻意地回想起這溫柔的片刻對你會很有幫助；感覺到內在的溫和柔軟與敞開的心胸，尤其在面對側重推理與懷疑之際。給自己一個機會試試，這麼做本身就是你內在寶石的反照。你會有什麼損失呢？假如你就單純只是試試，可能會學到什麼呢？

〔練習〕

進入心的生活

從現在開始，往後幾天給自己若干機會暫停一下，碰觸你內心深處的「小紅寶石」。也許你會開始留心，特別在悲傷、分離、親密、歡樂的時刻，就在胸膛反射式的感覺中，你將碰觸到「心靈之布」的紋理。不需要評價或評斷，給自己時間與空間來感受這內在寶石的顯現。耐心點兒，這寶石也許被保護著，也許一時隱晦難辨，然而，它是很堅固的，而且無從摧毀，更重要的是它永遠都在。

請記得，我們正在學習一種不帶評價或散漫分析的專注能力。你也可以想像我們正在推開捲著「歡迎光臨」的大紅地毯，允許一切進入心的領域，不論喜歡的或不喜歡的。當我們送給自己這般親近又溫柔的專注時，這本身就是一種自由與解放。

醫療修行團

當大家輪流敘說與聆聽了彼此來上課的原因之後，我開始說話。我很少這麼做，因為身為團體帶領人，我的話已經夠多了。有時我不太喜歡聽自己的聲音。大部分時候我盡量小心不讓學員吹捧我，尤其人們在醫院總是把帶領者視為權威。每個人都必須體認到自己才是生活的權威，穩穩地以自身經驗作為堅實的基礎。畢竟，正念工作大多是需要獨立完成的。

然而，今天不一樣。今天，我在這些還不太認識的人面前，要說說自己時而湧現的哀傷，因為我母親正處於臨終。她邁向死亡已有幾週了，她自己很清楚，也決定刻意地步入這未知之境。

當母親在權衡各種可能的選擇時，姊姊跟我坐在她身旁。她直接詢問醫師困難又尖銳的問題，仔細又專注地聆聽醫師的回應。「我做電療與化療需要多少時間？我的生活品質會變得如何？如果沒有繼續治療，我還有多少時間？如果沒有繼續做治療，我的生活品質又會變得如何？」這是三天前的事了。

醫師靠著她身邊坐，先是語帶躊躇，之後才開始直接表達。起初他跟我們一樣很掙扎，對母親病情的發展心知肚明卻不願接受，一而再、再而三在更多治療的可能性裡繞圈子。醫師要求母親多說說自己的立場、想法與理由……最後終於臣服於一句幾乎聽不見的呢喃，他說：「羅絲，我懂。」此時，母親直挺挺坐在床上，掃視我們每一個人，對自己、對我們，也對這世界宣布：「我不要再治療了。即使時間很短，但我要活得像一般正常人。我要回家，跟家人和朋友在一起，出去走走，享受美食，再去一次麻州。」

我慢慢地適應，也安住於她的真實狀況，所有這些時刻隨時都活現在我心底，它的來去就像波浪，持續往內撞擊，重塑我心的輪廓。我深深感覺到嘴裡冒出來的所有話語都穿過胸膛，也穿過這起伏波動的現實。事情就是這樣。因為日後我們必須共處八週，而我隨時有可能離開教室，因此決定在一開始就讓大家知道。

在這敘述過程中沒有戲劇性的情節。大家不露憐憫地聽著，眼神傳遞了豐富的訊息。有人提到自己的悲傷難過，有人則表達感激。我不覺得這麼做違反專業工作規範，例如透過自我坦露，我不當地利用有利的位置做暗示性的要求；或者暗示他們不論目前處在什麼樣的困難，都比不上我的處境。**在來到生存與死亡的門口時，大家反而快速超越私人狀況，進入一種共同且普遍的意會。大家似乎如釋重負，這釋放來自於指認，而非否認。**

一位強壯的保全警官重新反思自己為何會在這裡。他臉頰泛紅，汗如雨下。他沒穿著制服，如果有的話也一定溼透。他的槍已經生鏽了，因為跟我一樣，他正陷溺於悲傷之池。先前他只跟大家說來這裡是為了要「降低壓力與焦慮」，現在他告訴大家，他正在照顧罹癌且臨終的母親。母親日漸衰弱的狀況、間歇的劇烈疼痛、深深的絕望感與不確定感……都成了他日漸升高且無法控制的焦慮來源。他深陷泥淖且持續陷落，但在訴說後，他發現自己開始能在黑暗未知的汪洋中活著。

接踵而來的靜默，將我們所有人捲入一個浩瀚無垠之境，充滿了黑森林、深湖、大草原與月光之地。就從這裡，我們共同展開這趟探索之旅。有人很感激能有機會分享對臨終父母的關懷，有人說從來不可能在醫院這樣跟醫師講話。幾分鐘後，我們繼續向前，在這靜謐的上午一起品嘗葡萄乾，一起領受呼吸在腹部的持續變化，一起躺下來仔細聆聽自己的身體，在這靜謐的早上。

三十位陌生人，三十個來此不同的理由，然而在差異之外，我們其實都有相同的目的：學習照顧自己，真實地活著，深入探討自己的生活，而且一起這麼做。從這個角度看，我們是真正的夥伴。在東方，如此有共同意圖的聚集稱為修行團（sangha），這對醫療領域來說是挺新鮮的。

今天早上我們不是只聽聽大家的故事而已，我沒有給出任何的建議或忠告，倒是提醒大家，在面對苦痛時，請忍住想要迅速撫平或立即修復的那股衝動。透過這個方式，我們開始學習，練習緩慢且從容地進入如實世界。未來的六天，我們不會聚在這間教室裡，每一個人都將獨自面對自己的生活，照顧小孩、孫子或父母，煮飯、打掃、上班、看醫師、購物等。在忙碌的生活中，單單就只是承諾每天停下四十五分鐘進行正式練習，就是不容易的事情。本來，課程設計也沒有要追求容易。

以這個方式，我們正在落實修行團的精神。每一個人都用自己的方法承諾扛起自己的重擔，尊嚴地向前邁進。了解我們互相依賴，卻也深知每一個人都必須獨自完成這項任務，因為這完全不是別人的工作。**藉由實踐，我們正在培育堅強的內在支援系統，這本身就可以賦予我們所有人需要的支持。**

課程進行到第四週時，我母親過世了。在課堂中，我從病人學員身上獲得深深的滋養，彷彿我是他們的病人，那是一種厚實卻多為寧靜無語的關懷。我們是彼此的醫師，也用自己開立的藥方療癒著彼此。在我母親過世前兩週，學員羅倫送我一首瑪麗・奧立佛（Marry Oliver）寫的詩，裨益良多。

在黑水森林裡

看吶，樹林
正在旋轉
它們的身體
成為柱子

光之柱，
樹林正在送出
肉桂的濃郁芬芳
富足的美好，

香蒲草叢
長長的尖葉
正爆開來　飄向遠方
飄過藍色山肩

湖水，
每一座湖，
不論它的名稱
為何、為何
現在，無名。

每一年
每一件事情
所有我曾經學過的
在我生命之中
都導回到這裡：火焰
與失落的黑河
河的另一端

是救贖，
它的意義
我們沒人能了解。
活在這世上

你必須能夠
做這三件事：
愛平凡人
承托涵容這樣的愛
你骨子裡知道
你的生命仰賴著它；
當時間到了，就放下
放下。

我在母親的喪禮上讀這首詩。

兩星期後，我回到班上，那位保全警官給我一些慰問後，這麼問道：「你有沒有一種如釋重負的感覺？」他說這話時身體往前傾、眼睛充滿希望與期待，好像自己就很渴望這樣的釋放。「不，我沒有如釋重負的感覺。」他好震驚。我只是在說一個簡單的實情，但這實情撕開了他的心。他提出更多疑問，試著縫合紊亂的裂縫。接著他停下來，默默地點點頭。我一直不明白那點頭是什麼意思，希望他自己知道。

你的生活中有修行團嗎？一種同行夥伴的感覺？你可以感覺到自己的身體正在療癒嗎？感覺到這與醫療的隱約關聯？你可以感覺到建構於相互自我探詢、了解與合作的醫病關係嗎？感覺到在這關係裡，蘊藏的力量與真誠嗎？你可以想像嗎？不論我們所在的位置是關係的哪一端，那深層的愉悅、健康的可能、療癒的關係，其實是一種覺醒的意願，也是將自己揭露給彼此的意願。

寧靜的心智，開放的心靈

心智是心靈的表層，心靈是心智的底層

——哈茲拉特（Hazrat Inayat Khan）[7]

有時人們會把正念跟思考混為一談，以為正念就是要將注意力局限於認知或想像，好像我們被要求要做一些反省、反思、推論、自我解析或心靈體操之類的事。**簡單說，正念是將全然的注意帶到任何正在發生的事情，而注意並不等於思考。**

正如蘇菲教的導師哈茲拉特所言，在許多有沉思冥想精神訓練的傳統裡，他們語彙中的「心智」（mind）與「心靈」（heart）是不可分的。知名藝術家暨書法家棚橋一晃（Kazuaki Tanahashi）也說，

譯注：

7. 印度人，一八八二～一九二七，將蘇菲教派帶到西方世界的創始人。

在日文中「正念」包含兩個字母，其中一個表示心智，另一個表示心靈；換言之，心靈與心智並沒有被想像成是分開的兩回事。於是，棚橋一晃將正念翻譯成「將心靈與心智帶到這個當下」。

不論是身為接受照顧者或提供照顧者，要同時維持心靈與心智的平衡其實很不容易。我們非常容易走入極端，一邊是迷失於過度同情他人的苦痛，另一邊則是有距離的冷靜、不涉入、冷漠地觀察。**寧靜心智的特質是寬闊與清澈，也是明辨智慧的泉源。開放的心靈是溫柔、溫暖與流動的。這所有的特質讓我們能夠深刻地感受與明智地行動。然而，即使是行動，其實也是無為的。**也許，慈愛最飽滿的意義，就是持續維持寧靜心智與開放心靈之間的微妙平衡。欲培育活在當下的自我療癒能力，機會是相當豐富的。但是，寧靜的心智與開放的心靈的意義是什麼呢？即使我不知道這對你而言意味著什麼，但我感覺其實我們都已經品嘗過這種同在的滋味。也許難以理解，但那不是某種我們要去獲得的東西，而是一種可以透過專注來培育、只需要被揭露的東西；一種不論顯現與否，都需要時時刻刻去專注覺察的東西。

就在今天，當我從門診處穿過走廊附近龐大的藍色防火門時，我巧遇心靈與心智的轉換遊戲。當時迎面而來的是一年前曾經上過課的學員，我對他印象深刻，因為那時他慢性背痛與腿痛已經兩年多了，一天只能站立或走路三到四個小時，而且沒辦法陪孩子玩，這讓他無法成為自己所期待的父親樣貌。當時他經常跟我說，因為疼痛他變得易怒，無法自由陪孩子玩，身為男人的尊嚴和婚姻狀況都亮起紅燈，家庭財務也不穩，這一切都讓他好難過、好難過。

除了這些，讓我感到恐怖的是，他跟我說上課對他的疼痛一點兒幫助都沒有。還記得在課後的追蹤面談時，我坐在他對面，看著他的眼睛，感受到他的沮喪與放棄，也感受到我需要安頓自己，才能慢慢進入他經驗中的世界。這經常發生，能警覺到這些時刻並安住於此，總是會有很大的收穫。因為在這種時刻都會升起一股很想逃跑的欲望，要不就逃入臨床專業超然的遠處，這樣就可以不用去感受對方的痛苦；或者大量地關心對方而迷失於自己的憐憫中，或者感到自己的羞愧與不完美。

很明顯，我們兩個原先的期望都更多，但我們也沒有因為他的現況而抱怨彼此或覺得自己是個失敗者。雖然不滿足也不情願，但確實也只能如此。與他討論一些其他可能的方法後，我們確定他需要約疼痛門診。這次會談結束後，我們一起步行到走廊，握手；幾星期後我們又在電話中談了幾次。從此以後我就沒再見過他，直到現在。

他的上半身向左傾斜，右手握著牆上的安全欄杆。我又再次跟他握手，問問他的感覺、疼痛是否有改變及家人是否安好。他說疼痛依然劇烈，經常如影隨形，最近的止痛治療對背痛稍有舒解，但腿痛就沒差了，還是不太能走路。當他在說話的時候，我意識到自己願意開放，開放地回應他明顯的痛苦。但是，我的眼睛卻有點閃爍不定，閃開他的臉龐，閃開他的眼神，那說了好多話的眼神。我注意到自己眨眼睛與移動，我猜他可能沒意識到這些小動作，然而，對我卻是豐富明顯的訊息。這一切讓我連結到內在的洪流與湧現的記憶，多麼希望當時自己可以做更多、也獲得更多。如果不去注意或不管這些感覺，它們可能就會在我們短暫相遇的忙碌走廊上，像巨浪般地接管一切，也許硬是雕刻出某種地貌，也許侵蝕著地基。

感受到這般的拉扯，讓我停下來，允許自己看到，雖然我站在他面前，但我人其實在其他地方，留他獨自一人。然而，我沒有要離開啊。不間斷的呼吸是我的最佳盟友，我身體的感覺是精準的工具，可以估量出這邂逅中不被覺察的層面。願意留心這瞬間的不舒服，是這般連結需要付出的小小代價。在這之中，單純地回到他的眼睛就已經足夠，他沒有要求任何東西。**就留在這裡，當心智安靜到寂靜與廣闊，安靜到既不要求亦不拒絕時，心靈也變柔軟了。**就在這裡，在走廊上，我們剛剛安頓了彼此；然後時間到了，我們就分開了。

拿嗎斯達

在印度或東方旅行，人們打招呼時會說拿嗎斯達（Namasta），通常也伴隨著鞠躬致意，雙手在胸前恭敬合十。拿嗎斯達意指：「我承認並向你內在的神性致意。」不論是朋友、家人或素昧平生，每一個旅人都這麼打招呼。如同其他的示意動作，這樣的手勢當然也很容易成為徒具形式的機械化動作。然而，它確實不失為一個簡潔有力的提醒，提醒我們的源頭出處。當說者與聽者都充滿誠懇敬意時，這般簡單的提醒對雙方都頗具轉化效果，彼此將迅速認出對方內在的神性，就在此刻，雙方因著神性的邂逅而交會出神聖的火花。

在我們每一個人裡面都深藏著、也體現著不同的神性，因此我相信這種積極的提醒對我們的工作、生活或幸福安康都很重要。這是相當確實的，沒有任何矯飾，不需要精心巧思的理論排場，也沒有特別的外觀或虛偽的虔誠，就只是對這真理的直接崇敬。我們，以及在我們眼前的人，永遠都比外表所看到的更豐厚。在外表之下，總是有若干令人驚歎又直截了當的東西正在浮現。然而，這一切很難從表層被觀察到，因此，也許我們真正的工作，就是突破看似相反的表象，持續憶起內在的豐厚。而我們最關鍵的任務，或許就是在壓力、疾病、疼痛、磨難持續存在的前提下，絲毫不否認這內在的豐厚；在與他人短暫交會的同時，也能連結到對方內在本有的神性。這無關乎喜不喜歡對方，也跟宣道或演講無關，而是認出他們也跟我們一樣，都只是某個更浩瀚、無垠、包容的短暫顯現。

當我們願意如此與人互動，這本身就是一種基礎療癒。然而，我們的美國社會起源自一種強烈個人導向的精神特質，也受此特質所主導，因此我們持續卻無意識地強調主導性與權威性。這種恐懼又局促不安的世界觀，其實是極不平衡也不安定的。當這樣的觀點成為健康照護領域的主流時，提供照顧者可能會把自己視為某種權威，好像擁有的比較多。而身處這種觀點陰影下的病人或個案，就會把自己視為無助脆弱，好像擁有的比較少。這種模式根本不合理。雖然醫護人員擁有病人所需的知識與技能，然而，往往那尋求協助者其實也能供應等量的學習給提供協助者。

拿嗎斯達！我們起源的共同記憶。毫無疑問，這與「你好嗎」所呈現的意涵相當不同。拿嗎斯達，強烈堅定，直接來自每個人的內心深處。

〔練習〕

留心彼此之間的空間

這星期如果你跟一位朋友、家人、同事或病人坐在一起時，請特別留心這些共享空間的時刻。留心自己的呼吸，留心呼吸的感覺和韻律，也留心身體所浮現的感覺。允許自己好奇地聚焦於彼此的互動，聚焦於自己想要閃避或親近連結的傾向；覺察這些情況下的呼吸品質，允許自己好奇地自我探索。

觀察你聲音的語調，觀察自己當下的身心狀態，以此作為話題是否維持或放棄的線索。觀察你的身心狀態，身體的感覺如緊繃或舒暢，心裡的感覺如不耐煩、無聊或好奇。觀察你的身體感覺、心智狀態及呼吸品質，是否跟你的行動或舉止有關。給自己觀察的空間，不帶任何評價，就在吸氣與吐氣循環間，觀察那持續變化的人際動力。看看會不會有某些時刻你感覺到呼吸困難，而在這些時刻，發生了什麼以及你們之間發生了什麼事。對自己溫柔點，讓好奇成為你的嚮導。

記得

在你自動閱讀以下的詩句，自然而然地換頁之前，何不稍稍放慢腳步，停下來幾秒鐘或幾分鐘，就現在！安住於此，留心你手上書本的重量、書頁的質地、周圍的聲音。領受你呼吸的韻律、穿梭於你身體內外的生命氣息，也領受呼吸中的每個當下。現在，如果你願意，為自己大聲朗讀這首詩一次、兩次或三次。試著慢慢讀。

世間有兩種智能：一種需要獲取，
猶如孩童在校園學習記憶各種事情與觀念
來自於書本，亦來自於師長，
在傳統科學與新科學中
蒐集各種知識。

憑藉這些知識你在這世界逐步上升。
你留住訊息的能力關乎了
你被評比在別人之上　或之下
你來回於此知識的領域
總是要在你好好保存的匾額上　獲取更多的紀錄

另外還有一種匾額，這個
早已圓滿完整　也保存在你裡面。
猶如持續滿盈溢出的活泉。一種鮮活
在胸壑之中。這般的智能
既不泛黃亦不沉滯。它是自由流動的，
不是由外而內
也不是透過垂直探索的學習管道。

這第二種的了知是一種本源
從你裡面，流出去。

——魯米〈兩種智能〉（*Two kinds of intelligence*）

現在，試著低聲呢喃……為自己低吟這首詩……想念幾次就幾次。

這首詩是獻給你的，讓你自己聲音的共鳴，以及深藏於聲音裡面的感動，幫助你憶起你生活的真實和真理。走進話語所指向的世界，就在這當下，你已豐沛擁有。如果你想要，可以繼續在這裡逗留，把注意力帶到呼吸，領受氣息進入身體的真實感受。**不需要強迫或操控呼吸，也不需要刻意放空；沒有要去哪裡，也沒有要讓任何事情發生，就只是坐著、呼吸。覺察呼吸的感覺，自由且毋須掙扎地允許想法跟念頭來來去去。**在發現心飄離了呼吸節奏的同時，記得溫柔地把自己帶回來，再回到呼吸。坐著。呼吸。記得。

〔練習〕

記得

在今天或本週的其他時間裡，試著停下一切，單純坐個幾秒鐘或幾分鐘，安靜地領受氣息在身體的進出擺盪。當你坐著時，允許自己安住在那個既不泛黃亦不沉滯的智能裡面。慢慢來，記得，這沒有要用來獲取什麼，因為本來就已經圓滿完整也保存在你裡面了。試試看，對你會有任何損失嗎？

留心各種質疑、孤立分離的感覺與心中浪花的糾結，也留心你心底的開放性與生氣蓬勃的感覺。請記得，這首詩或正念練習，都沒有要獲得什麼，只是讓自己安靜，靜到足以觸及你天生的美好繼承。

設立界線

一般所謂的界線，指的是「劃分線」，把東西一分為二。然而，界線不也是交會之處嗎？當我們赤腳走在海岸線時，我們只是走在陸地上嗎？腳下的海水呢？這陸地從哪開始又在哪兒結束？海水的盡頭在哪裡？海岸線的真實狀態呈現了看似明顯清楚的邊界，其實是處在不斷變動的狀態，是流動、非固定又彼此交疊的。

這般糾結的移動，對我們來說正如病人與醫師。然而，醫病關係經常是堅固又不可穿透的界線，這源自人們在區分自我與非自我的過程中，將兩者視為互斥的實體，不知不覺間便形塑了整個醫病互動。當我這麼說時，不是指醫病角色是相同的，兩者本來就不一樣，但那也只不過是「角色」而已。在這角色背後，還有更大的領域，就是我們共通共享的人性層面，這層面實在太容易、也太常被忘記了。然而，這正是整個醫病關係的共同基礎。你可以感覺到這個領域嗎？當我們提到「我」時，可曾檢視與確認，這些角色區分的真實性？就在你閱讀到這裡時，你可以領受到自己現在的感覺嗎？我們可以更靠近，好好地仔細看看嗎？

傑克四十八歲，是個高個兒，雙頰下陷，患有愛滋病。他在第一堂課時大叫：「我真是他媽的氣死了！我氣自己得到愛滋病，我氣沒有人真正地幫助我，我氣沒有被人好好照顧過。」他的憤怒非常強烈，揮動拳頭，重捶著椅子。坐在他附近的人明顯被嚇到。在我說話之前，他看著我的眼睛，彷彿要宣布給所有人聽，他說：「我懷疑這間教室有空間能容納我的憤怒嗎？」我簡單回應他說，如果我們願意一起努力，這裡有空間可以容納他的憤怒。他點點頭，回座位，決定留下來。在那個當下，其實我自己也不太懂「如果我們願意一起努力」是什麼意思，不過很快我就懂了。

每週傑克都會給自己弄一個「特別座」。他把椅子轉向，背靠著牆，伸長腿占了兩、三個位子。然後他會在腿上放硬紙板，上面放幾張便條紙，從耳後拿出鉛筆，開始做筆記，有時還會瘋狂寫字。課後他來問便條紙上長達好幾頁的問題，還要求我一個一個認真看。我們討論了他的問題，也在電話中聊到他的人生，偶爾也會談到我自己。傑克奮力地想要了解自己，他試著與過去和好，與未知卻令人驚恐的未來和好，也與尖銳沉痛的當下和好。在這當下，他感覺自己的生涯、金錢、動力與自我價值感都被剝奪了。隨著時間過去，我與傑克之間衍生出某種真誠溫暖的感覺。然而無可否認，我跟他在一起時確實也感覺到持續浮現的被威脅感，伴隨某種收縮的感覺。我實在無法理解這些感覺是從哪兒來的。

有天早上七點十五分左右，我拿出鑰匙準備打開教室。門竟然沒鎖，傑克坐在裡面寫東西。我立刻覺得被威脅，傑克卻顯得很開心。「嗨！醫師，希望你不介意我在這裡啊。我請人幫我開門，因為我想跟你討論一些事情。」學員的椅子在教室裡圍成一個大圓，他站起來，跨步走進寬闊的圓中，接著走向我，手裡拿著便條紙。我們倆面對面，只是他在椅子的一端，我則刻意待在椅子的另一端。

我已經畫下了界線。

他開始討論自己的靜觀練習。我心煩意亂也持續內縮，對我而言，傑克是如此難以預料。我思緒狂亂地想著：「為什麼他在我的地盤？他現在到底要什麼？為什麼他該死地要求這麼多？」我的話語變得稀少而冷漠，持續地內縮與緊繃，相信傑克都看到、也感覺到了。更糟的是，在那個時刻，我痛苦地覺察到自己其實已經把傑克丟在一旁。我強化了彼此的界線，撤退到看似堅固的堡壘，建構出一個自製且堅若磐石的藩籬。對於這進退維谷的現象，我極為苦惱：我感到被擠壓的沉重負擔與無能為力，他感到被孤立，也沒被傾聽。在那個時刻，我們都陷入一種人為的真實，把我們兩個都綁架到地獄。

傑克的話語變得斷斷續續，口氣也漸漸單調，他帶著混亂與絕望的眼神看著我。我們一起困惑地站著，或者說攪在一起。就在我們都覺得尷尬又結巴的時刻，某些東西消失了。我依然站在椅子另一邊（那屬於我的一邊），然後我迎向傑克的眼神，於是，我往前跨一步，到教室中間的大空間。我們站在那裡一會兒，感覺彼此的存在，沒有說很多話。然後我們又開口講話，感覺好像是兄弟。我好害怕傑克會跟我要一些我無法給的東西，因此我退縮了。傑克害怕我會像其他人一樣拒絕或遺棄他，所以抓得更牢，也追得更緊。有一段時間，我們滿足了彼此未言明的期待。

之後，傑克很快變得足不出戶，臥病在床的時間愈來愈長。有天我打電話給他，問問他的狀況。他說：「薩奇，謝謝你打電話來，從來沒有人對我這麼多禮。」掛上電話後，我心想：「那只是一通電話，不過就是一、兩分鐘這麼簡單。」再一次，我震懾於連結所帶來的強烈滿足，這樣的渴望舉世皆然。

問題是這樣的連結渴望，往往只有在核心專業訓練之外，才會被鼓吹與重視。有一次，我跟同事喬．卡巴金一起帶領給醫學專業人士的綜合訓練課程，在課程尾聲，有些人非常生氣，說道：「你們對他們（病人）比對我們好，我們要你們給他們的一切。」我們第一瞬間的直覺反應是防衛，也開始與他們爭辯。我們給「病人」比較多，本來就是原初的動機，而且我們也認為，身為一個專業人士就是要能夠照顧自己。

在進入更深層的反思對話後，我們聽懂了。原來，這許多照顧者在哀嘆的是，那種孤立無援的感覺。原來，在專業的界線下，表現出有連結的需求，就會被視為軟弱無能或不適任。於是，他們開始開放地討論在專業訓練中的痛苦，這些訓練經常強調要發展出一種臨床距離或客觀性，逐漸滲透到他們的日常生活，使他們對生活日漸感到斷裂與麻木。對許多執業醫師來說，這種感覺好像緊身衣，緊緊地束縛著他們，也質疑自己怎麼能夠忍受並完成這樣的醫學研究教育。每一個人都正在體驗這種人為界線的束縛與孤立。

不論是病人或醫師，我們總是在關係之中，彼此是相互連結的。我們都亟需培養出一種意願，願意仔細地觀察那種一直想設立界線的心態，也願意看到自己一直想發展出一套精緻的工具，來精準了解此過程與它所創造的距離。我相信這般細膩又謹慎的專注，正是整個療癒關係的基礎。這需要我們有紀律地投入，深入了解自己的心智狀態，以及心智狀態對人際互動的影響。如果沒有這般的注意，我們怎麼可能創造更具合作性與相互回應的健康照護呢？

現在，就在這書寫的過程中，我震懾於傑克是多麼清晰地存在於這篇文章之中。沒有他，我怎麼可能完成呢？這之間沒有任何的界線啊。

〔練習〕

與設立界線的心智合作

在我們每天的日常生活中，的確有個明確的「我」與明確的「你」。每一個人都有一套由無數因素所形成的獨特性格與狀態，我們稱之為「自我」（my self）。然而，當我們仔細審視自己的生命，就會發現我們是由無數的「非自我」（non-self，這是越南一行禪師的用詞）的元素所組成，例如地、水、火、風、空、碳、氧、父母，以及來自於全球的基因庫等。同樣的元素也組成了太陽、夜空的星辰、鹹鹹的海水，這些都是我們共同具體的繼承。如同前面故事所述，當我們處於緊繃狀態，實在很容易忘記這一切。

在生活中，我們很容易有孤立分離的慣性，為了降低此慣性的密度，我發現對兩件事維持審慎的態度很有幫助。首先，當我跟別人在一起時，假如我覺察到有一種差異、距離或區隔的感覺升起，不論細微與否，我都會特別去覺察當下身體的種種感受。在那樣的當下我保持覺知，刻意去領受呼吸的感覺，不去壓抑想保持距離的衝動或欲望。當我可以這般與自己工作時，我反而會處在一個比較有利的位置，有意識地去尋找「我們」的共同點。剛開始也許只是我們都穿藍色衣服或有同樣的身高，但超越了任何有關相似性的理論或概念之後，這種生而為人都有的共同特性，很快就會變得具體又有趣了。

其次，在表面無數的差異與不同之下，若能辨識出背後的共同人性，就能把自己帶回彼此的連結。這其實是一種回家的感覺，會變得更開闊，而不會把自己弄得愈來愈狹隘。我們沒有要抹煞彼此的差異或多元，也沒有要強迫大家都一樣。相反地，這裡所要傳遞的是，在無數差異的底層，我們是相互連結的，不會因為個人的獨特性格就變得局限。即使這樣的性格對親密安全的關係而言，看起來好像是不可穿透的高牆。

下次當你與別人相遇而升起一種孤立或區隔的感覺時，試著超越彼此的語言層次，專注地看著對方的眼睛與嘴角細紋，領受身體的僵硬或柔軟，感受他們的呼吸、他們的頭與肩以及話語的音質；同時也感覺你的腹腔神經叢，你自己聲音的語調，從你的身心靈所散發出來的感覺，緩慢消融那一直在設定界線的心智。

第二週

這星期，教室的氣氛隨著我們彼此的對話而有所改變。我們已經有一星期沒見到彼此，在這週裡我們各自把正念靜觀帶入日常生活。大家看起來更自在，一群一群地聊著。我聆聽教室裡的聲音，聽到大家在談論家庭作業，尤其是正式練習，這指的是在生活中放下所有事情，特別撥出時間來進行的練習。

艾格尼絲與約翰坐在輪椅裡，蓋瑞的支架放在教室北邊的窗旁，米妮把枴杖掛在椅子上。窗外的天空湛藍無雲，坐在教室裡，我們可以看到九號公路，那是一條寬闊的林蔭大道，也能看到街景與遠方的丘陵。

九點五分，課程開始。我邀請大家再次轉身看著窗外，一陣椅子與身體的移動後，大家很快就安靜下來，再次練習單純地「看」。我們看著相同的景物，但在這一週中許多東西已經改變了，不論是窗外或室內。大家安靜坐著，接納一切，沒有太轉向我這邊以聆聽指導。我們睜著眼睛坐了十到十二分鐘，逗留在此寧靜氛圍，然後我開始教「正式的」靜坐練習。我鼓勵大家安住於這般的寂靜，示範了坐椅子與地板的靜坐姿勢後，我們溫柔地閉上眼睛，乘著呼吸的波浪，單純地坐著。

過去的七天，大家練習身體掃描，開始培育對身體各個部位的覺察。這練習沒有要試著放鬆或進入靜觀狀態，而是鼓勵大家發展出對自己身體更敏銳的覺察能力與親密的認識，這能讓我們更真實碰觸到自己與周遭環境。現在，我們將這一週的練習動能轉換到靜坐練習。我們「坐」了十五分鐘，專注覺察呼吸時氣息進出身體的感覺。結束後，我要求大家在未來的一週，自己在家裡每天練習五到十分鐘。然後我問大家有沒有任何問題或意見，不多。現在是九點三十五分，我們已經安靜同在三十分鐘，大家愈來愈熟悉這個領域了。

之後我們移到地上，再次安靜地躺著練習身體掃描四十五分鐘。接著我們討論家庭作業，我邀請大家說說自己練習身體掃描的真實體驗。大家有很多話要說，許多人提到很難「找到」時間來練習。我提醒大家，他們不會「找到」時間的，他們只能「製造」時間。在這週的練習中，我們直接面對生活填滿的事實，既忙碌又擠壓，以至於想要練習正念這件事情，好像變成一面鏡子，反映出令人頭暈目眩的生活速度。

大家提到練習時很容易睡著的問題，也談到要保持規律練習的困難度，有人觀察到念頭多麼容易飄浮不定，也經常想著或假設沒有「進步」或「成功」。有些學員在練習過程中感覺到更多而不是更少疼痛時，會感到害怕與混亂；也有人對「太放鬆」很焦慮，因為這樣會「沒學到東西」；有些人則回饋說，他們可以在每天困難的時刻覺察呼吸，發現這還挺管用的。練習動能已經開始建立，團體對話的速度與節奏彷彿流動的大河，愈來愈多的坦率讓人們更願意分享自己對練習的真實看法。

諾琳在身體掃描的練習中，漸漸覺察到自己身體的脆弱。她說「在練習時，身體感覺比較鬆，但也升起陣陣的悲傷」以及種種身體記憶。她用「細胞層」來描述這身體記憶，她發現身體其實記著好多好多事情，而身體掃描協助她擁抱與照顧這些舊傷口。

一些人說過話後，喬治開口了，他是一位個頭小但很結實的男人。他以牧師的姿態發言，說這星期他體會到「將仁慈帶給身體」是什麼意思。凱薩琳跟大家說，她很希望身體掃描練習可以填滿她，然而她不但沒有感到被填滿，反而覺得「好空」喔。她很困擾，詢問該怎麼辦。我們討論了她那好空的感覺，然後我建議她試著跟那感覺共處，允許那感覺的存在，隨著覺察能力愈來愈深化，慢慢地她就會自己找到問題的答案。她看起來暫時滿意了，不過我對於自己的回答卻很不滿意。她提了一個很關鍵的問題，但是在那時，再多的話也幫助不大。所以我坐著，就像她一樣，等待下一個機會，自己卻心知肚明最棒的時機已經過了，而我沒掌握到。現在，我最好就是回到自己裡面，仔細觀察與聆聽我的夥伴們。

最後竹毅問道：「我來上課明明就是要減緩痛苦，怎麼可能既要達成這個目的又無為，或者不冀望獲得什麼或到達什麼境界？」大家對竹毅的問題點頭如搗蒜，好像是說：「對啊，對啊，這也是我的問題！」

一種「困住」的感覺，以及想要為這種感覺做點什麼事的欲望，把討論帶到最高點。從某種角度看，所有有關練習起伏的問題，都是一種集體困住的表現，一種落入陷阱的氛圍是顯著的。落入慣性的陷阱、假設的陷阱、長期觀點的陷阱，這一切開始變得愈來愈清楚。隨著步調慢下來，隨著與人事物的真實樣貌同在，學員們開始能覺察到一種急躁不安的感覺，這感覺來自於一直被催促著或長期栽進快速變動的生活習慣。**正念練習可以持續提醒我們這個事實，同時提供我們方法來面對所見到的一切。這樣的領悟是痛苦的，然而我們不再脫逃，我們正開始見到生活的真實樣貌，啟發人心卻也讓人不舒服，這是覺醒的必要代價。**

我可以感覺到大家都在自問：我想要參加這樣的課程嗎？我可以這樣生活嗎？我需要付出什麼代價？我想放掉什麼呢？即使我要，我有能力這麼做嗎？這些都是重要且頗具生命意義的問題，也是一般成人世界裡不會去思索的問題。對教室裡的每一個人而言，這些問題既鮮活開放，也令人心生畏懼。此刻，每個人都開始在估量「拿回自己人生」的挑戰，以及在這輩子全然覺醒所需的努力。

現在，感覺每一個人彷彿都站在深井邊，注視著閃閃發亮的未知，深思著那未被言明的疑惑：在這一刻，我是否要拒絕這井水而維持乾渴與冷漠？或者，我應該接受這一刻，啜飲這未知卻有可能新生的井泉？通常這是學員對課程猶豫而想離開的時刻。然而，今天學員離開教室時，我感覺到一股精神飽滿的冷靜。課程的蜜月期已逐漸消褪，正如大部分的蜜月總是很快就消失般，我們必須決定是否跟著練習團體繼續前進。對每個人而言這好像在發誓，因為我們必須決定是否真的要投入並邁向此大道，這似乎會對我們的生活產生重大影響。

我們來到了一個轉折點，不是由身為講師的我所進行人為的催化，而是來自每個人的意願，大家是否願意透過正念之道，好好觀察自己的生活。這攸關生存與死亡，卻不是有形的死亡。猶如黎明時分，對於生活，是要選擇清楚明白地活著，還是繼續半夢半醒於無聲無息的絕望裡。

這，也是你個人的抉擇。

友誼

很有可能，全然的療癒關係存在於友誼之中。聽來也許太激進，然而就像大部分的重要觀念，一開始總是令人吃驚，直到心被點燃了，才知道那是可能的。最典型的例子就是美國的《獨立宣言》……人生而平等……造物主賦予若干不可剝奪的權利……其中包括生存權、自由權與追求幸福的權利。原來，自由是天賦人權，這在早期根本是很難想像的。

當我們使用朋友這個詞的時候，通常是指生活中我們覺得親密信任的少數人，這很能理解。然而，仔細審視和友誼相關的感覺，我們會發現幾乎都涉及忍耐、諒解、願意開放的心、預設自己在對方心中的位置等等。這些都是友誼的同義詞，不是由角色、知識、教育程度或社經地位所定義的友誼。**友誼，來自於我們願意開放，而且直接地跟別人在當下真實地互動。**

在友誼裡有強烈的忠誠元素，不是對國家或文化忠誠，而是對真真實實活著的忠誠。如此一來，在醫病關係中的友誼，與喜不喜歡就沒什麼關聯了。跟別人在一起時，經常會有喜歡或討厭的感覺浮現。在修行的路上，這些不斷變化的情緒猶如磨臼上的穀物。然而，這些感覺本身不等於友誼的消逝，也不必然會妨礙我們提供關懷與照顧的能力。

也許，我們都在尋覓友誼，都希望與別人互動。最近，在一個給健康專業人士的閉關訓練裡，這種深層的渴望清晰呈現出來。那是個靜默的清晨，靜坐練習剛結束，我們自然地滑進清明又引人入勝的對話，那是有關療癒關係的基本特質，沒有任何提示或正式說明，與友誼互動品質相關的對話開始像泡泡般浮出表面。

當時有人說「非評價」與「非用力追求」這些正念練習的寬宏態度，讓他們開始跟自己交朋友。我們更深入地向內探索這些感覺，以及這般的友誼感。兩百多位參與者中，有許多人紛紛表示，不論心中浮現出怎麼樣的想法或感覺，現在，他們對自己都有一種嶄新的舒適感。他們清晰地感覺到壓迫感減低，自我慈愛增加，更有安全感，也漸漸從責難、否認、辯護、罪惡、懺悔等的無盡循環中獲得釋放。

他們慢慢能夠歡迎一切的來臨，不論喜歡的或不喜歡的。這讓他們感到好釋放，充滿希望，被寧靜擁抱。整間教室瀰漫著友善的氛圍。有趣的是，許多醫師、護士、精神科醫師、心理師及醫院的行政人員，都不約而同地悄悄提及「跟別人坐在一起」的可能性，如同他們一整個早上跟自己坐在一起般。

〔練習〕

跟自己交朋友

正念是友善的行動，學習對自己用心和仁慈。漸漸地，這樣的態度會滲透到我們最底層的幽境。於是，我們開始有可能用相同的方式來對待他人。好好承接眼前的一切就夠了，毋須自責不夠仁慈或善意。我們唯一要做的，就是無論發生什麼事情，都能夠善待自己。因此，在面對艱難、模糊、痛苦或艱澀時，我們不會採用否認或自我批評的非友善行為，而會盡量地自我慈愛，在生活的每一個層面。

這星期找些時間獨自靜坐，彷彿你是自己最好的朋友。安住在自己的呼吸覺察，允許念頭、想法、感覺的來來去去，試著體驗擁抱自己的感覺，如同擁抱所愛的人。如果你願意的話，為自己重複念誦祝福的話語，也許你可以試試這些，一句兩句都沒關係。

願我平安

願我免於痛苦
願我祥和寧靜

你可以選擇適合自己當下的話語。這麼做也許會讓你覺得尷尬、陌生或怪怪的，不需要去否認這些感覺。然而，如果這般觸及心靈深處的友善行動對你是有吸引力的，就給自己一點空間試試吧，這是一種自我照顧的方法。這個練習並不是在促進自私或自我中心，只是邀請我們往後退一步，退入愛的循環，把自己也含括進去的愛的循環。

內在本有的安適

以下是米開朗基羅與當時一位富裕贊助商的對話：

「大師，你對雕刻的看法是什麼？」

「女士，當我要雕刻時，所要雕刻的人已經在石頭裡面了。我的工作就是運用我的能力與技術，把已經存在於石頭裡的人帶出來。」

一九六四年的紐約世界博覽會，十五歲的我走進一間展覽亭參觀。米開朗基羅的〈聖殤〉周圍滿滿都是人，有人拿著照相機猛拍、有人跪著禱告、有人輕聲細語、有人高談闊論，大家都被這雕刻深深感動，無比敬畏。當時我離開那群人，漫步於大廳，隨意站在名為〈奴隸〉的塑像前。

暌違三十三年，記憶中當時矗立在我眼前的是一系列人物雕像。右邊是成年人，在大師的精雕細琢下輪廓鮮明，肌膚泛出光澤，彷彿被賦予了生命。雕刻中下垂的布有石頭的紋理，躺在狀似亞麻布的皺褶中，衣衫襤褸的磨損細緻又明確，令人印象深刻。我的眼睛、應該說整個人，震懾於這一系列的雕像。在成人雕像的左邊是孩童雕像，前幾個都還相當清楚，後面的幾個就比較小，臉部輪廓也沒有那麼細膩。他們的身體覆蓋著破布，安靜地站著，凝視這世界，亦穿越時空地凝視並召喚著我。他們的臉龐標記了第一道的雕工，那未被加工的部分顯現了大師原初深層的諦聽。最後一個雕像只有一個眼睛、一隻耳朵與半邊的鼻子。其他的雕像連半成品都稱不上，依然留在黑色素樸的石頭「裡面」，那足以孵化出我眼前這一系列靜止寧靜生命的石頭。

生活中，有些時刻也許不太懂，卻清晰了知。這時刻需要多年的慢火燉熬，才能轉化成強壯結實的骨骼，爾後方能寧靜地賦予生命所需的內涵。這些時刻盤旋且鮮活地存在於我內心深層的靜謐之境，浸透、形塑也滋養了我，卻一直要到多年後的某一天，藝術史教授講述米開朗基羅與女士的這番對話才串聯起來。這位教授在課堂中聆聽我講述當時看展的經驗後，隔週便帶了一些參考資料，引發我們圍成一圈討論。

「在心靈深處，任何的人事物，都已經存在於這偌大的石塊中了。」

我們每個人都是圓滿完整的天才，用千百種方式慢慢把自己拉出來，承接各種磨練以進入真實世界，緩慢地讓自己發光以臻厚實。從教育的角度看，這「帶出來」是最關鍵的。在你生活中可以感覺到這樣的行動嗎？在你裡面，那已經被帶出來的是什麼？正在浮現的又是什麼？

我們每一個人天生都是圓滿完好的，只是需要被帶出來以發現自己不折不扣的完整性。假如我們用這種方式生活、用這種態度與人互動，生活會呈現何種樣貌？這又會如何影響，甚而全面地改變醫師與病人的關係？如果我們堅定地用這種角度生活，有哪些關係會開始轉變、發展與成長呢？

支離破碎卻依然完整無缺

早晨七點開車上班途中，我轉開全國公共廣播電台的晨間話題節目。記者今天在芝加哥，他述說了這個故事。芝加哥一家大型又頗富聲譽的博物館，籌措了一大筆錢想要辦一場給「失能」藝術家的展覽。他們廣發百張以上的英雄帖，卻沒人回覆要參加。

他們實在想不透怎麼會這樣子，大家頗緊張也很擔心，因為已經募到很多錢，眾人又都很期待，館長與董事們決定要好好弄清楚到底是怎麼回事。答案似乎很明顯。他們發現，原來沒有任何一位有成就的藝術家，想要參加名為「失能」的展覽，尤其許多人的作品都已經在國外展出過了。在積極遊說與溝通下，一位殘障失能的知名藝術家終於同意參加。此例一開，許多藝術家便陸續跟進，於是很快就額滿了。

記者實況轉播開幕當天的盛況，並與若干藝術家交談。映入記者眼簾的是一幅大如牆壁的油畫，畫裡完美地交錯著細緻的幾何圖形。他訪問那位畫家，怎麼能夠如此精準又細膩地完成作品？畫家說：「這就是我所看到的啊，我只是把它放在畫布上而已。」這是一位盲人畫家，生來就看不到。

下一個作品是高聳又龐大的雕塑，創作者本身高大強壯，卻只有一隻腳。這位雕刻家多年前失去了一條腿，因為身體的關係無法穿義肢，但他持續以單腳創作。記者詢問，他現在的創作相對於還有兩隻腳時，是否有所不同？雕刻家以沉穩清晰口吻回答：「這就是我現在做的，很正常啊，沒什麼不同。」此雕刻家獲邀將作品放在這個重大展覽的中心位置，據說他以大理石（也可能是花崗岩）為素材，雕刻了一個完美無瑕又光亮無比的球體。完成之後，他竟然把作品打碎，然後用栓子、金屬扣件、各種黏膠，一片一片地復原。現在，這個充滿碎片的作品，矗立於博物館展覽的中心位置，也在美國的中心位置，名為「支離破碎卻依然完整無缺」（Shattered But Still Whole）。

當時我正以每小時九十公里的速度前進，內心極度震撼，胸口感覺都快爆開了。我放慢車速，眼淚卻狂飆，淚水好像從我身體的每個細胞滲出，傾瀉至我的衣襟、領帶和大腿。還有十六公里才到，天啊，我已經被淚水弄得天翻地覆了，為自己也為所有人流下眼淚。我明白這淚水不是來自於常見的自憐或焦慮的驅使，我不會也一點兒都不想這樣。淚水背後的大河無邊無際，存在於眾人的心靈，這是一條涵容所有悲痛的大河。顫抖與消融的感覺剎那間讓我明白，這個故事刺穿了個人生命中牢不可破的薄膜，在我們集體的真實現況中爆發。

這是每一個人的生命故事。

我走過停車場，備課，進入教室，聆聽一位學員分享她的體驗。她飽受疾病折磨，在練習正念的過程中，竟然與生命中久違的安適和完整感重逢。我站起來，在教室內慢慢邊走邊說雕刻家的故事，引起巨大的迴響，彷彿敲在銅鑼巨響後的持續共振，深層環繞地迴盪著。

支離破碎卻依然完整無缺

支離破碎卻依然完整無缺

支離破碎卻依然完整無缺

這故事所傳遞的勇猛、寬容與慈悲勝過千言萬語，滲入每個人的心底。猶如正念的練習，這故事幫助教室裡的每位成員了解，原來，嚴重疾病或持續就診不需要成為麻木自己的理由，更不需要因此而忘卻自己內在本有的圓滿完整。

醫護人員在投入這工作時，內心深處有一種與生命苦痛親近的使命，不論是自己或病人的痛苦。然而，出於時間壓力、專業訓練或不確定性，在面對這使命時反而太常視而不見或直接忽略。整個醫療界對於減輕痛苦、有時甚至是治癒，已經發展出龐大的知識體系。這些知識猶如兩面刃，讓我們能輕易幫助病人把支離破碎的部分再整合起來，卻也能使我們對於病人（甚至是自己）的內在完整性盲目不見。這個現象大多出於擔憂恐懼，害怕未知或不懂、害怕不舒服、害怕無助、害怕我們自己破裂的碎片。是的，如果我們自身都沒有小心仔細地關照這個議題，那麼，我們肯定會不當地對待自己與病人。雖然我們幾乎多半不自覺，但我們確實拒絕承認與進入自己的支離破碎，於是讓自己維持一貫的麻木、距離，或是最常出現的冷嘲熱諷。

是的，這是一條涵容傷痛的大河。但不僅如此，這也是一條藏金之河。就像格林童話「青蛙王子」中不慎將金球掉入井裡的公主，或是「鐵約翰」中把金球滾入鐵籠的男孩，有時候，我們都會丟失自己的金球。身為病人，疾病帶來了極大且意料之外的動盪與狂亂；身為醫護人員，每天生活於他人的痛苦與病痛之中，我們每一個人都共同分攤了這偌大的動盪與狂亂。正因如此，我們隨時有機會能夠刻意地允許那在混亂、糾結、茫然中所浮現的療癒關係，更有機會撼動自己脫離舊習與慣性。於是，即使在世俗分類下暫時是「病人與醫師」，但透過醫病關係本身，我們其實可以共同積極尋覓自己的金球，發現那閃閃發亮的內在。

我們每個人都希望被如此看到。這是自我綻放的根源，啟動於我們願意打從心底地發展出自我關照——不論自己的角色、狀態與處境為何。之後它就會開始滿盈外溢，潤澤自己與他人的關係。然而，這絕不是一條平順之路，靜觀（meditation）不是萬用的靈丹妙藥，也不是某種可以帶來良好感覺的活動。**靜觀是一種方法，使我們可以開始接觸並培育這些休眠卻早已存在的特質。這是教育的真正意涵，也是正念的核心——帶出我們的本然。**而不是讓自己努力地填滿他人或不斷地向外追求，以為這樣可以變得完美。在醫學的脈絡下，不管我們是助人者或求助者，正念練習都像個測量儀，提供一個方法，協助我們航行於沒有地標的大海。

正如醫師與病人其實是相互依存的，支離破碎與完整無缺也是同時存在的，兩者均動態地包含於一個更大的圓滿完整之中，而這圓滿完整被稱為人類（human being）。當我們能夠如此辨識，尊敬自己的裂痕碎片、表層的動盪狂亂及存在本有的深層豐厚時，我們就會發現並且進入那個原本想像中以為遙不可及的世界。這是正念練習的核心與成果，也是靜觀與醫學的結合。

PART 3

持續看著被包紮起來的地方

相對於在我們之前各個世代的英雄而言，我們都還未曾獨自在這旅程上探險呢！迷宮已經被徹底破解了，我們只需要遵循英雄之路。在這路上，當我們以為會與憎恨相遇時，我們將發現神；當我們以為會殺掉他人時，其實是殺了自己；當我們以為在外面到處旅行時，其實正進入自己存在的深處；而當我們以為自己形單影隻，其實正與全世界同在。

喬瑟夫 · 坎伯

——《千面英雄》（*The Hero with a Thousand Faces*）——

魔鬼的黑炭弟兄

有位退伍的士兵沒有一技之長，不知道自己後半輩子能做什麼。於是他晃啊晃的、晃進森林裡，遇到一位小矮人。這小矮人其實是個魔鬼。

小矮人問：「怎麼啦，你怎麼看起來這麼憂鬱陰沉呢？」

士兵說：「我飢腸轆轆卻身無分文。」

小矮人說：「如果你來幫我工作，那你就是我的僕人，這輩子你就不愁吃穿囉。但是你得工作七年，七年後你就自由了。喔，還有一件事情要先告訴你：在這段期間，你不准洗澡，不准梳頭髮，不准修鬍子、剪指甲或理頭髮，也不准擦眼睛。」

「如果真的必須這樣，那就這樣囉。」說完後，士兵跟小矮人走了。小矮人直接把士兵帶到地獄，告訴他要做哪些事情：他必須要好好照料水壺下面的火，不讓火熄滅；這些水壺裡坐著許多入地獄的靈魂。他也必須把家裡打掃乾淨，把塵土拿到門外倒，讓家裡井然有序。然而，他不准偷窺水壺裡面，否則就會招來厄運。

士兵說：「了解，我會好好做的。」於是魔鬼就出發去旅行了，士兵開始工作。他把燃料放入火爐裡，把家裡打掃乾淨，將塵土倒於門外。魔鬼回來後檢查了每一項工作，以確定士兵是否依照指示確實做好。魔鬼點頭稱讚士兵，之後又出門了。此時，士兵第一次好好端詳這地獄的環境。

這裡到處都是滾燙的水壺，每一個水壺下都有熊熊的火焰燃燒著。要不是魔鬼嚴厲禁止，他大概願意花一輩子來看看水壺裡面有些什麼。不過最後士兵還是忍不住了。他微微掀起第一個水壺蓋，瞄了一下，見到他過去的少尉長官坐在裡面。

士兵說：「哈，你這混蛋，真開心在這裡看到你啊！以前你總是踩在我頭上，現在可輪到你在我腳下了吧！」他迅速把蓋子放下，添加柴薪讓火燒得更旺。然後他走到第二個水壺，微微掀起壺蓋偷窺，裡面坐著他過去的中尉長官。「哈，你這王八蛋，真開心在這裡看到你啊！以前你總是踩在我頭上，現在可輪到你在我腳下了吧！」他快速蓋上，加了一大塊木頭，燒出更猛烈的火焰。現在他很想看看誰在第三個水壺，裡面坐的是他過去的將軍長官。「哈，你這人渣，真開心在這裡看到你啊！以前你總是踩在我頭上，現在可輪到你在我腳下了吧！」他拿了個風箱用力煽火，水壺下的火燒得紅光四射。

日復一日、年復一年，他在地獄裡做同樣的事情長達七年，沒洗過澡、沒梳過頭髮、沒理過鬍子、沒剪過指甲也沒擦過眼睛。七年很快就過了，他卻感覺好像只過了半年。任期到時，魔鬼問他：「喂，漢斯，這段期間你都在做什麼啊？」

「我照料好水壺下面的火焰、掃地，把塵土倒在門外。」

「但你也偷窺了水壺。不過還好你在火裡加了更多的木柴，不然你往後的人生就會受到懲罰。現在，時間已經到了，你想回家嗎？」

「是的，我想回家看看父親。」

「好，如果你想要獲得報償，你必須離開，而且把曾經掃起來的所有廢土用背包裝好，扛回家。但你必須保持目前的樣子離開：沒洗澡、披頭散髮、長鬍子、長指甲及朦朧的眼睛。假如有人問你打從哪來，你要回答：『從地獄來。』假如有人問你是誰，你要跟他說：『我是魔鬼的黑炭弟兄，也是我的國王。』」

士兵漢斯沒多說什麼，確實依照魔鬼的指示做，但對於報償並不滿意。當他再度走入森林時，打算把背包扔掉。然而，當他打開背包時，赫然發現所有的塵土都已經變成黃金了。「天啊！我一輩子連想都沒想過啊！」士兵漢斯開心地往城裡走去，還沒入城時看到一家旅店，他想去住一晚。在門口招呼客人的店老闆遠遠看到漢斯，整個人便嚇壞了，隨著漢斯愈來愈接近，老闆大叫：

「你從哪來的啊？」

「從地獄來。」

「你是誰？」

「魔鬼的黑炭弟兄，也是我的國王。」

老闆實在不想讓士兵漢斯進到旅店裡，漢斯給老闆看他背包裡面閃亮亮的金子，老闆就自動把門閂打開了。漢斯要求最好的房間與服務，盡情吃喝。不過還是依照魔鬼的指示，沒洗澡也不梳頭，酒足飯飽後便立刻倒頭大睡。不過旅店老闆一直無法忘懷那些金子，於是半夜溜進漢斯的房間，偷走了那些金子。

隔天一早漢斯要去付帳時，發現背包不見了。他二話不說掉頭跑回森林，跟魔鬼抱怨這個不幸事件並尋求協助。

魔鬼說：「坐下吧，我來幫你洗澡、梳頭、刮鬍子、剪頭髮、修指甲、清洗眼睛。」完成梳洗後，魔鬼給士兵漢斯一個裝滿塵土的背包，告訴他：「你回去找那個店老闆，叫他把金子還給你。不然我就會去把他請來，代替你在地獄裡燒柴。」

漢斯回到旅店，跟老闆說：「你偷了我的金子。如果你不還來，你就會去地獄，做我先前所做的事情，而且看起來跟我之前一樣恐怖。」

老闆將金子原封不動地退還，甚至還多給了。他乞求漢斯不要把這件事情說出去。

富裕的漢斯啟程返鄉，為自己買了條簡單的工作褲，徜徉各地，隨興彈奏從魔鬼那邊學來的樂曲。有次漢斯走到一個國家，老國王聽到漢斯的彈奏後龍心大悅，想把大女兒許配給他。大女兒一聽到要嫁給穿著白色工作褲的平民，便跟國王說：「我寧可溺死也不要嫁給他。」於是國王改打小女兒的主意。小女兒因為深愛著父親，不想忤逆而嫁給了漢斯。於是魔鬼的黑炭弟兄得到了國王的女兒，而當國王過世之後，漢斯也登上王位獲得了整個王國。

這則故事經常會讓人們有強烈的慣性反應，認為「跟魔鬼打交道」應該不是什麼光榮的事吧。此外，人們也覺得士兵最後獲得這麼多的報償根本不公平。然而，因為「魔鬼」的型態實在有無窮多種，我猜測，我們每一個人或多或少都曾經跟魔鬼打過交道。

因為這個故事是以神話的型態呈現，因此如果想要了解深藏於我們每一個人心中的原型，實在不適合套用一般的觀念或想法。為了讓我們更容易理解，在閱讀這類故事時，有必要將「對於未知的感知，以及開展中更大世界的感知」，放在核心位置；相對地，一般世俗推理的慣性就得稍微退到一旁了。事實上，故事中所有的角色、物品與情境都是我們內在結構的反照，而不是外在的環境或人物。如果我們可以從這個角度看，就可以自在地發現許多新觀點與理解。

對士兵漢斯而言，生活整個變了。他從一個終生奉獻的任務中除役，一切不再熟悉。對於自己是誰、要做什麼，都不再清晰明確。我們唯一知道的是他想「回家」。這很像但丁《神曲》〈地獄篇〉的開場，人生旅程中我們都可能感到迷失與迷惘，也許是因為生病，也許是走到某一條路的盡頭，也許走到一個不知怎麼選擇的十字路口。有時候因為我們習慣的生活變得令人抑鬱寡歡，而使我們開始只注意生活中的不幸；有時一個模糊的不安，便足以把我們拖入無止境的想像。

就像但丁或士兵漢斯，有時候我們都需要一位維吉爾（Virgil）[8]，指引我們方向，帶我們深入魯米所謂「被包紮起來的地方」，那令我們膽怯而不敢直視之處。然而，如果想要再次發現內在與前方的「家園」，我們就必須進入並好好看清楚。對士兵漢斯而言，化身為「小矮人」的魔鬼是他的嚮導。到目前為止，他的生命充滿了階級支配與規則，以及來自軍中文化的自尊與規儀。不論他喜歡與否，這些時光都已經過去了。現在，他無家可歸，早晨起來不再神經緊繃。也許，他就是莫名其妙被未知吸引著；也許，在一輩子對外來責任義務的忠貞要求之後，現在是他四處走走的時機了；他同時往兩個方向進行，不可思議又包含各層面。

他正面臨需要橫跨某個門檻，這意味著他長期堅信的自我認同正在消失。對我們所有人而

譯注：
8. 維吉爾，古羅馬詩人，《神曲》中指引但丁走過地獄和煉獄者。

言，尤其是受過高等教育且被視為人生勝利組者，這樣的橫跨將開始崩解我們的自我認同。然而，顯而易見地，這般屈尊降入地獄，進入我們內在的黑暗區，確實是返鄉之旅的關鍵。

如果我們從外在來思考，會很難看懂這一切到底在說什麼。但若往內看或許就會開始提出一些實際的問題，例如：在我裡面，誰是那個士兵？誰是小矮人？將軍、中尉、少尉又是誰，他們代表的意義是什麼？火焰、木塊、滾燙的壺子，在我的生命中藏身何處？誰在我裡面為仇恨加油添醋？在打開的水壺中，反映出自己的哪些層面？那些沒有梳理與修剪的頭髮和指甲，指涉的又是什麼？那沒擦拭過的眼睛？那黑炭？我是否可以辨識出生命中被我拒絕和遺棄的一切；我是否允許自己與之為伍，猶如與小矮人為伍一樣？我是否能辨識出日後轉化為黃金的廢土？在我裡面，大女兒與小女兒、婚禮、老國王、意外地繼承王國，所指涉的又是什麼呢？我現階段人生的目的為何？我對自己心靈精神的責任又是什麼呢？

這故事清楚地呈現：想要找到回家的路，就必須先下沉（go down）。故事要求我們沉入自己的內心深處，仔細探究不想要的一切。猶如那些滾燙的水壺，我們需要熬煮自己心中厭惡與不想承認的人事物。透過這般的痛苦熬煮，轉化開始產生，新生命的樂章於是浮現。這是個艱難的任務！

這類的生命追尋，出現在許多世界文學中，例如：但丁步入地獄、貝武夫（Beowulf）潛入湖裡去找哥倫多的母親、普西芬妮（Peersephone）進入冥府、尤利西斯（Ulysses）去哈蒂斯（Hades）大門的旅程、約拿（Jonah）在鯨魚肚子裡的白晝與黑夜。我們每一個人都需要進入黑暗的世界，面對我們的恐懼，面對自己所有的面向，甚而「擁抱」之，如此方得以獲得新生。

誰是魔鬼？我們心中所認定的魔鬼，是否也給了我們七年的工作？魔鬼要求我們在某些層面保持不修剪也不梳洗，原諒我們觸犯不准偷窺水壺的禁令，給我們滿滿一袋子的黃金——還給了兩次。那被我們定義為「魔鬼」者，是否也給了我們食糧與自由？而當我們辛苦工作、報償被偷走時，那魔鬼出面擺平。他清洗我們的眼睛、照料我們、教我們音樂、引領我們進入一個意想不到卻報酬豐厚的人生。相對於其他神話故事中被人格化的魔鬼，對我而言，這故事裡的「魔鬼」代表了生活中所有我們不想要、不樂見、陰暗、厭惡的層面。這些都是我們的內在嚮導，經常被我們拒絕的內在資源。我們不能一輩子對這些負面力量不理不睬。如果我們真的想要重獲生命的豐厚與富足，就不得不進入這負面力量的地獄並好好端詳。這是每個人都必須面臨的議題，我們共同的命運。無庸置疑，疾病、痛苦、醫療與健康照護都是進入這黑暗區域的入口。

那願意探索內在恐懼的意願，願意安住於絕望、混亂與不確定的意願，確實是我們的堅強盟友。然而，提供暫時緩解的麻木或鬱悶總是誘惑著我們。因此，若我們真的想要重生，就必須認清人生的苦痛（不論是自己或他人的）總是重複出現，我們的損傷或失敗、自我價值感與堅實的個體感，以及那些尚未被我們辨識出的悲傷，所有這一切都能讓我們與更深層、更全然的自我相遇，重新連結到我們自己的真實性情，也連結到與我們互動者的真實性情。這是故事中士兵漢斯的任務，也是我們的任務。

這也是為何魯米敦促著我們要「持續看著被包紮起來的地方」。如果我們刻意地專注、覺察與感受，不再轉頭走開，從我們所體驗與感覺到的一切來學習，我們便能重新和內在的陰暗面建立連結，進而打開心中長期深鎖、緊抓不放，甚至是筋疲力竭的地方，而這些地方最需要的就是新鮮空氣。如此一來，我們才可能發現深藏於自己的缺點、缺陷與裂縫裡的耀眼光芒，允許光芒照射呈現。而那曾經是黑暗又令人恐懼的，才有可能在這過程中轉化為「黃金」。

若拒絕了這趟旅行，我們將永遠無法彈奏出自己的生命樂章，亦無法詠歎自己的專屬詩歌，這多悲慘啊！這世界需要你的聲音，欠缺了你聲音的世界是不完整的。這世界將極有耐心地等待，等待你為自己謳歌。

下沉

有時候我覺得自己好像是小偷，因為我寫作的素材都來自於聽到的話語、看過的人事物……然而，確實有某些更深層的東西持續醞釀。我邂逅的一切人事物，彷彿有一股力量，一次又一次地令我卸下防衛，而結果總是讓我沉入更底層的內在自我。

——威廉・卡洛斯・威廉斯（William Carlos Williams）《醫師的故事》

生病：受不良的健康狀態或疾病所苦，感到苦惱。深深地受一些令人苦惱的感覺所影響：心裡生病。

——韋伯大學字典（*Webster's College Dictionary*）

生病令人沮喪，彷彿將立足之地掏空，中斷了生活的連貫性。這一點兒都不好玩，如同韋伯字典的定義，生病影響的不只是生理功能，還有心理層面。對所有人而言，這類的下沉都是無可避免的，範圍從可以忍受到極為驚人可怕的都有。在這下沉的世界中，我們將學習面對所有大大小小的不舒服與痛苦，將它們圈起來，容許它們的存在，彎下腰，與它們達成和平協議。這般的下沉也包括遭遇重大變故，例如身體的存活受到威脅或連累、我們所愛的人死亡，或是對自我認同產生嚴重的懷疑、困惑與茫然。

對我們這些醫護人員而言，生活在疾病與破碎裡正是我們的日常食糧。面對這種狀況，我經常如此自問：我怎麼會來到這裡？我今天該如何面對這裡？我的工作是什麼——我真正的工作？對於這些問題，我沒有完整的答案。然而，如同所有的大哉問，隨著時間，一次又一次的自我探詢將帶領我回到這個問題：

在這裡所面對的人們，他們的生活經常已經裂成碎片。就在持續重複與他們接觸的過程中，我如何允許自己保持開放，讓這世界的一切穿透我的肌膚，進到我的裡面？

這種對開放的渴望既非受難亦非受虐。當然，這不表示放棄專業、技能、個人競爭力或愉悅。若我們真想培育幫助病人的能力，共同修通扭曲的陰谷，穿越許久以來靈魂的受難地，那麼我們就必須用這種方式和他們攜手共進。這相當不容易。不論是靜悄悄被拖入，或是轟轟烈烈闖入這悲慘世界，每當我們與他人的苦痛、磨難或破碎相遇時，我們總會遇到自己。即使正在撰寫此文的我，都可以清楚感到一陣暈眩、肚子往下塌陷，一種微細的緊縮。喉嚨好像有東西卡住，因為這問題以及它所帶出來的答案，都存在於喉頭深處：

> 如何妥善地陪伴那些尋求我們協助的人，他的身、他的心？幫助他走過陰暗之處，走過「令人苦惱的感覺：心裡生病」。

只有一個方法：我們自己也必須沉下去。

這類沉下地獄的情節經常出現在偉大的神話或童話故事裡，就如「魔鬼的黑炭弟兄」。身為一個人和照顧者，我們都被召喚到這個領域。進入這領域，需要的就是長期謙卑的學徒心態。在這裡，我們被教導重複、警覺與緩慢度過的藝術，就在每一分、每一秒、每一個與我們相遇的人。直到我們的內心深處終於了解：原來，即使身處地獄，我們也可以保持心靈的開放。先警告你，在童話或神話故事的語言中，這樣的領域充滿了塵土、黑炭與混亂，一切都不再熟悉，猶如奧吉亞斯王的牛廄[9]。在這裡，我們的潔白外套、平整衣著、燦爛笑容、合宜舉止、優美髮型與光亮皮鞋，都將在又溼又熱又髒的暗室中被磨平消融。

譯注：

9. Augean Stables，奧吉亞斯王的牛廄，相傳養了三千頭牛，三十年未曾清掃。

在這裡，唯一需要的衣物：裸裝。

看起來很難吧？確實是。然而，這般漫長的探索過程，讓我們有機會可以重新培育自己溫柔開放的心。若不願下這番功夫，我們將會愈來愈僵硬、充滿防衛、支離破碎、憂悲惱苦且心裡生病，而且會愈來愈明顯、愈來愈明顯。猶如一道從我們自己延伸到別人的玻璃牆或長陰影，我跟你正走在同一條道路上。經驗告訴我，拒絕進入這條大道，只會延長我們滯留於孤立、缺陷與不完整的想像中，留在生硬且未被調教的狀態，對於自己的圓滿完整毫無知覺。如果這是我們的人生結局，豈不太悲慘了？但真正的情況不是如此，因為人與人間本來就不是分離孤立的個體。我們總是在關係之中，在相互依存的關係之中。我們只要好好想想所吃的食物是如何被栽種、加工、運送、傳遞到我們桌上，就會明白我們是如何相互依存。好好去體會我們共同繼承的語言、我們的所思所言、我們對愛的渴望、我們對分離孤立的感覺。好好去領受我們共同擁有的皎潔月光、林中營火、普照陽光，就可以了解，我們真的不是分離孤立的。

這就是為何在醫病關係中保持開放鮮活是如此重要。醫病關係本身就是一種落實的體現、一種相互連結與相互依存的直接表現。無庸置疑，我們需要在自己身上用功，以此做為協助他人的方法。在此同時，當我們與別人工作時，實際上也正是在跟自己工作。老實說，在醫病關係中要保持這樣的開放性非常困難，因為這顛覆了過往的療癒關係，醫師對病人的關係從一種修理、治療、權威、主導的型態，轉變為服務、合作、創造與探詢。對醫師而言，這種新關係對於我們想像中的自我觀點與定位，確實是很大的開放與突破。然而，幫助並陪伴人們發現他們內在本有卻隱藏於病痛後的圓滿完整，是我們的工作也是特權。即使承受著慢性病的折磨或面臨死亡，圓滿完整都是存在的。

這是話語無法完整表達的。現在，我們需要的是，在兼顧醫療專業與臨床工作下，開始讓自己慢下來、鬆掉領帶、捲起衣袖，讓自己不再緊緊抓住破碎的心靈不放，允許自己躍入對圓滿完整的體驗。

也許正因為我們是療癒藝術的僕人，這本來就是我們的天職，也是我們的祝福。我們是否願意以此態度與他人並肩同行，正可用來衡量我們自己破碎與完整的程度。這是不可分的。如果我們自己都不打開，哪有可能看見裂縫中所躍出的生命呢？這活泉是不可思議的饗宴。

人類擁有四樣東西
在海中無益——
舵、錨、槳
還有對下沉的恐懼

——安東尼奧．馬恰多（Antonio Machado）《孤獨》

樓梯井

我終於找到車位了，在最後一排樹林附近。停好後下車，開始了今天橫跨停車場的旅行，伴隨我的是白雲高掛的藍天，清脆歌唱的小鳥、處處的香蒲草，還有潮溼的人行道。我邊走邊在心裡重複蘇菲教派的公案「這是誰的腳啊？……這是誰的腳啊？……這是誰的腳啊？」然後細細聆聽內在的回音。

每當我像這樣走去醫學中心時，幾乎都會看到這些輪椅排排站，舒服地靠在牆邊，銀白色的骨架有時還會反射陽光。今天，它們的椅面上多了若干微弱低吟的白雪，提醒我現在身處何處，也提醒我今天大部分時間會待在哪兒。這些輪椅被放在長凳的中間，猶如蓄勢待發的哨兵，準備好開始今天的任務。大廳玻璃門上寫著：門診病人醫院入口。

我擠入玻璃旋轉門，瞄了一下大廳，進入鋪著磁磚的入口走道，悄悄來到一個寬廣的空間。在那裡我遇到了三個人：戴著綠色帽子的老紳士，他穿著整齊的工作服，手裡拿著枴杖跛行；坐在輪椅的中年婦女，穿著鮮黃毛衣與褐色大外套；穿著皮夾克、受重傷的青少年，他必須用很大的力氣和勇氣才能穿越大廳。這一切距離入口大約只有九公尺，其實還不止這些人。我允許自己仔細觀察，而真的觀察總會發現到更多。

過去十四年來的每一個上班日，我進入醫院的地表層，然後往下，因為減壓門診位於地下室。為了要往下，我必須走樓梯井。就像所有的井，這樓梯井帶著我往下。今天當我向下走時多了些同伴。他們努力用最快的速度行走，為了配合他們的節奏，我強迫自己放慢速度。緩慢帶來看見。走下樓的過程中，一位差不多三十五歲的男子走在我前面，正要去疼痛門診，他的左半邊顯得相當僵硬，因此必須極小心地走每一步。在他後面不遠處是一位老先生，他的手緊緊握住欄杆，緊到連指尖都泛白了。在妻子小心照護陪同下，他一次只能走一步，一步一步吃力地往下走。

我的手掌順著欄杆向下滑動，悄悄尋覓他握過之處所留下來的指紋。到達底層時，所有人穿過門檻，推著藍色不鏽鋼大門以使它維持開著時，我們彼此互看了一眼。在藍色大門上，有個大大的黑字體寫著A，我們抵達第A層。如果這上班前幾分鐘的觀察，未能喚醒我對生命脆弱、短暫與無常的感知，以及對我個人命運的感知，那麼，我日後將再次被提醒。在迴廊處，有幾個嬰兒床，上面有電子監控儀與靜脈輸液架。今天這些器材剛好都沒人用，有時候嬰兒床會統統被用光。此時心中浮現我家小孩在跳舞的樣子，然後又消失了。

先前所提「下沉」的象徵性神祕意象，仍盤旋在我心中。然而，所有象徵其實都是指向某個更大、更直接的事物或狀態。現在，在這裡，完全不需要任何的象徵。在這裡，面對確切的實在，概念反而很容易變成阻力。在這個地方，不論你往上或往下，都會看到相同的事情。在這裡，到處都是疾病與痛苦，不論在哪兒都很明顯。對我而言，要做此工作，這是不可避免、也是每天要面對的，更是每天要提醒自己的。如果不這麼做，下場就會很慘，因為我會感覺到似乎沒有容身之所，也沒有可以連結的地方。

從這個角度看，「醫院正念」也許跟南亞佛教僧侶的觀屍修行差異不大。據說，這些僧侶每天晚上會選一具屍體來凝視，在各種屍體旁靜坐，有焦黑的、膨脹變形的，還有肢體殘缺的。直到他們能夠全然對死亡開放，無懼於苦痛和死亡，學習以開放的心靈面對這一切。或許，他們也正學習安住於苦痛而不被其擊倒。溫柔地擁抱苦痛，清楚辨識且堅定不動搖地安住於更大的真實之中，而這更大的真實包含了身而為人有何意義的全面觀照。

有時候，我是會被擊倒的。

我們可以這麼來練習修行：當我們感覺到不知不覺爬上來的麻木感時，當我們升起想要拒絕的念頭時，當我們感覺到絕望無助時，仔細領受這一切並保持開放。在這樣的練習中，我持續發現生命底層的種籽，就在這地下室裡。如同所有好的井泉，這裡擁有清澈的井水，生命從這裡開始獲得重生，這是正念練習之井，修練之井。此處此地，每天湧流出「醫院修行」的清泉，這樣的修行毫無疑問就是長期的靜心修習（retreat）。走過迴廊進入辦公室，我感到相當富足，充滿了奇妙感恩的喜悅，開心又安心地繼續進行我在此綠洲的任務。

第三週

早上九點五分，大家都到齊了，每個人都穿著適合做瑜伽的寬鬆衣服和運動鞋，我卻打了領帶。好友兼同事的費禮絲在教室前看到我，笑著說：「薩奇啊，今天要上瑜伽耶，你怎麼打了領帶啊？打算當超人嗎？」

「是啊，我今天要來當超人。」我也笑著回答。

這星期中陸續有三個人決定不來上課，我跟他們個別會談。一位先生說他需要開四十五分鐘的車才能到這裡，嚴重的疼痛讓他實在吃不消。另一位先生和女士表示他們沒有時間投入這麼多，認為這類密集又有要求的課程不適合他們。

課堂中，我們先在沒窗戶的教室裡靜坐一會兒，單純地坐著。之後我們套上鞋子，準備去另一間教室，除了瑜伽墊之外什麼都沒拿。有些人需要兩、三個墊子才覺得舒服，沒關係，教室裡有很多可以用。出發前，我跟大家聊到怎麼在醫學中心裡尋覓一個夠大的空間，好讓我們可以做瑜伽。過去兩堂課我們做了各種練習，包括躺著、坐著、吃東西、講話、保持安靜，這些都是活著的基本要素。現在，也該是練習走路的時候了。學員們聽到後咯咯笑，我們要在醫學中心一起練習走路？這聽起來實在不需要什麼技術啊！

今天，在瑜伽之前，我們先做正念行走。我邊示範邊跟大家解說，清除各種可能的誤解，我們沒有要學殭屍走路，所以不會死氣沉沉也不虛假。我跟大家說明行走的路線以及坐輪椅者可以怎麼做，坐在三輪車上的阿蓮可以練習滾輪椅靜觀。我跟大家說，不管任何原因，如果你平常走路就特別慢，在等一下的練習裡完全不用急著想衝快，不用擔心落後，也不需要因為走不快而壓抑難過，因為，我們會一起走得相……當……慢……。沒有偽裝、不是卓別林風格、也沒有要模仿電影《惡夜殭屍》（*Night of the Living Dead*）裡的樣子，就只是慢慢地、正念地走路。

每個人拿著自己的瑜伽墊出發，或坐電梯或走樓梯。大夥兒在喬瑟夫慈善大樓的大廳前面集合，然後就開始正念走路。正當我們安靜地聚集時，路人盯著我們看，有人臉上帶著笑容，有人眼睛轉來轉去的，有人竊竊私語，也有人大聲說「參加營隊啊！」在這五月天的早晨，三十個大人安靜地穿越校園。新英格蘭的早春，新綠鋪滿大地，湛藍的天空漂浮著潔白的雲朵。繁茂的草叢裡還有露珠點點，在陽光底下閃閃發亮。白色的人行道旁有裝飾性的輪胎，從割草機拆下來的輪胎已經被青草覆蓋，周圍也長滿了小花。

做這個練習時，保持安靜是很有益的，大家都很專心投入且保持警醒，我們以此方式幫助彼此。不過，開始有些低聲細語，他們對此不熟悉的狀態感到不舒服而想打破環繞的寧靜。瑪莉與吉米打前鋒，他們一個人拿枴杖，一個人拿助行器，我們一起依照平常的速度走路。有些人刻意放更慢，以確定不會讓瑪莉和吉米跟不上。接著我們走進醫學院，經過大廳以及與大廳相連的藝廊，藝廊有許多色彩鮮豔的大幅油畫。然後我們朝東方走，最後抵達教職員會議室。這裡經常舉辦醫學演講、午餐會議或研討會。今天，這裡是瑜伽教室。

落地門與大型窗戶上面都有窗簾遮陽，我們打開窗簾，讓陽光灑進教室。大家開始脫鞋、攤開瑜伽墊、找舒服的地方躺下來。今天有些人沒辦法練習瑜伽，我開出一條走道讓他們練習走路。瑪莉坐在椅子上，進行「椅子瑜伽」；吉米拿著枴杖，在牆的邊緣繼續練習行走靜觀：阿蓮將三輪車停在瑜伽墊旁，抓著車子的手把，讓自己在瑜伽墊上保持平衡。從她動作的靈活優雅，可以看出她多常重複這個舉動。

這棟建築物有八樓，裡面有病床、實驗室、藥局、手術室、加護病房等。教室裡許多正躺著練習瑜伽的人，都曾經待過上述的某些地方。今天，我們都活得好好的，一起走路、滾動身體、移動，更深層地與自己的身體互動，不論自己的病情為何。對於大家願意暫時放下評價、好好探索自己的身體，放下所有媒體對瑜伽的不當形容，單純地躺在地板上與自己直接相遇，我實在覺得好感動。

我們一起練習一個多小時的瑜伽，一起歡笑，一起安靜、溫柔、刻意地探索身體的限制。我們仔細聆聽浮現自皮囊底下的身體訊息，領受身體的局限，也允許身體有新的嘗試。我們最後的動作是把墊子捲起來，大家用心地做，猶如其他瑜伽動作。我們把瑜伽墊捲得緊緊的，用魔術貼固定好，之後我們坐在地上簡單討論。然後我們穿上鞋子，回到原本的教室。

雖然我們走在同樣的路上，但其實已經不一樣了。寧靜更加深化，步伐較不刻意或彆扭，臉部表情更放鬆，更願意把自己開放給外在世界。有些人走在草地上。回到教室後，我們更仔細討論今天練習瑜伽的體驗以及上週的作業。討論的內容很快就相當深入，大多數人都很享受這樣的伸展，他們很訝異如此溫和的伸展卻能有這麼實在的感受。話題很快地移到上週的作業，大家的共同心聲就是在家裡不容易好好練習。對於身體掃描，有人熱愛卻也有人痛恨。作業中安靜做十五分鐘的觀呼吸練習，有人覺得頗能充電，有人感到很不耐煩。面對練習過程中心思一直飄來飄去的現象，有人很沮喪，也有人好奇於這連續不間斷的思緒。大家都想要獲得放鬆、平靜或自律，但練習的感覺卻未必如此。有人分享可以「感覺到」自己未覺察到的疲憊，有人開始品嘗到寧靜的滋味；有人能將正式練習所學運用到日常生活，於是面對壓力情境時，開始發現不同的因應方式；也有人提到每次練習身體掃描都會睡著。

很明顯地，我們都才開始，正在學習更多關於自己身體的訊息，而不單單只是放鬆。大家都很熱切，但這是需要慢慢鍛鍊的。這般鍛鍊產生於，當我們的意圖與真實生活發生摩擦時，願意帶入更敏銳的覺察。就在這間位於二樓的教室裡，我們每個人都領受自己的狀況，也準備要好好過活。彷彿敲鐘般的清晰明確，在過去三十分鐘裡，教室裡沒有悶悶不樂或茫然，有的是一股認真樸實的氛圍，持續迴盪著。

猶如飛蛾圍繞著燭火——被某些好像知道、卻無法透過思考來完整定義或掌握的東西給吸引、誘惑、迷住——我們每個人都在自己的路上，也被帶入某個更大、更引人矚目的地方。這在三週之前是很難想像的。我們無處可逃地被帶回自己的生命範疇。在過去三十分鐘裡，教室瀰漫了一股集體的共振，與我們真實的本質相遇，這是上「道」的第一個指標。一種長期堆疊綑綁的自我麻木，正緩慢地解體塌陷、我們臣服於內心深處的呼喚。因著麻木的解體，開放出空間給那幾乎快被我們遺忘的生命之渠。門，已經打開了。房間裡到處都是融解的印記與跡象。大家都跨過了溼地，沒有人掉頭走開。

深入挖掘我們的人生

持續看著被包紮起來的地方。

在正念練習的領域中，一旦我們接受「不轉頭走開」的邀請，自然就會引領我們進入被包紮起來的地方。對醫師或病人而言，當我們願意進入自己真實生活中時時刻刻所呈現出來的真實而不再迴避時，自然就會進入這個較為黑暗與陌生的領域。**活著，意味我們遲早多少都需要越過這個黑暗領域。若非如此，我們將滯留於悲傷、不完整，過著缺乏深層持久喜悅的人生。**這項任務大部分都是個人獨自完成，因此唯一需要的就是個人的努力。在我們步入這陌生之境時，周圍的家人、朋友、親近同事的了解、支持與坦率，有時確實相當有用。雖然沒有人能幫我們完成這個任務，但若能建構一個正念練習社群，是很有實際助益的。

魯米認為跨越被包紮起來的地方，是一項「破壞工程」。仔細聆聽他的詩〈十字鎬〉，看看是否會觸及你的內心深處，呼應著字裡行間所敲響迴盪的真實生活。大聲朗讀，就讓你聲音的力量及那被點燃的東西，開始向下挖掘吧！

有些評論說我是隱藏的寶藏
但我想要被發現：拆掉
這房子吧。成千上萬的新房子
可以被蓋起來　以這透明鮮黃的寶石
被埋在房子底下。獲得寶石唯一的方法
就是徹底拆除房子，然後
往下挖，深及地基之下。
以手中所擁有的價值，想蓋什麼都可以
毫不費力。無論如何，早晚這間房子
也將自行倒塌。珍奇珠寶亦將
顯現，只是屆時那就不是你的啦。那被埋藏的
財富，是你進行拆除破壞的報償

一鏟一鏟地挖除。如果你只是等著
等著讓這一切發生，有一天你將咬著自己的手說，

「我沒有做自己該做的事。」這是
承租的房子。你沒有產權。

你承租了它，開了間小店
卻很難靠縫補破舊的衣物維生

然而，僅僅幾呎之遙的地底下
有兩條礦脈：純紅與亮黃的寶石

快！拿起十字鎬，撬起地基
你必須辭掉縫紉補釘的工作

你問，所謂的縫紉補釘是什麼意思
吃吃喝喝。身上厚重的斗篷

總是不斷破掉。你用食物縫補它
也用無止境的自我滿足縫補它。拆掉
小店的招牌　進去看看
地下室。你將看到藏於泥土底下的閃閃亮光。

多數人容易自滿於以分析的頭腦，來思索那黑暗不悅之境（榮格稱之為「陰影」）。然而，這首詩啟發我們，在哲學分析與心理洞見之下，在我們每個人裡面都有「埋藏的寶藏」。這「珍奇珠寶」與「泥土底下的閃閃亮光」都是我們的，也等待我們有意識地進行「撬起地基」的工程，自己去挖掘屬於自己的寶藏。

在西方傳統的童話或神話裡到處都有「黃金」，經常意外顯現於祕密的努力之後。投入這樣的努力，將無可避免引領我們進入一連串的小死亡。不是物質身體的死亡，而是各種想像自我的死亡。如此一來，我們就能探究更深層的自我：我們到底是誰，我們到底在做什麼。

重新承認自己的陰影是非常重要的。未被看到的陰影會產生某種力道，如果我們沒有下工夫好好認清自己的陰影，就會盲目且無意識地被這些力道所牽引。對所有人而言，這都不是開心的任務，卻是必要的。我們將看到自己的貪婪、無知、羞愧、悲痛或羞辱。直接看入鏡子，沒有任何過濾或修飾，我們將看到自己欺騙、狡詐與虛妄的能力。我們開始墜落。因著這般的墜落，讓我們終於有機會整合生活中所有看似破碎與異類的層面。進而發現，不論我們是誰、所處位置與狀況，在我們裡面，其實都有每一個人與每一件事的樣子（恐怖的或美好的），那些長期以來一直被我們厭惡、否認、拋棄或拒絕的樣子。

藉由這個方式，我們慢慢因著破裂而開啟、而謙卑。我們正可藉由相同的路徑，進入自己的圓滿完整，即使這圓滿完整覆蓋著分離孤立與執著貪念的外衣（兩者長期以來都是同進同出）。以此方式對待自己，對待想像中的「自我」，使我們得以鬆綁執著，鬆綁對「分離孤立」與「自以為特別」，這種近乎成癮的深層執著。如此一來，猶如浴火重生的鳳凰，我們領受生活是相互連結的能力將開始成熟，我們將看到相互連結的形式原來有無限多種。

這樣的任務可以在意識清楚的情況下進行。我一再發現，當我願意真切地與每個當下百分百地邂逅時，不論是工作中的醫病關係、同事間的互動，或是家庭生活發生的事情，這一切一切都會成為引導我的寶貴資源，慢慢將我熬煮至圓滿完整。這般「往地下室看」不需要把生活搞得四分五裂，生命本來就會有突發又影響重大的墜落，例如突如其來的病痛、離婚、所愛的人過世、突然被解僱並被要求十五分鐘內離開辦公室。日子不一定要過得如此悲慘，還是有中道可行。我們不需刻意期待或追求墜落，然而，當生命的墜落確實降臨時，至少允許並承諾自己，刻意盡己所能地留心投入這些時刻，好好運用這些時刻，猶如風吹掃淨，亦如帆船為我們開啟生命的另一段旅程。當然，我們不可能全然控制每一件事，當我們以為可以時，不過是在自我安慰。

最近，有位德高望重、行醫超過二十五年的專科醫師跟我說：「我像國王般地進入醫界，但現在，我只是個卒子。」他這麼說，不是在否認自己的困境，或正被玩世不恭給壓垮，反而是正在運用這樣的感受來理解自己，來重新理解自己的人際關係、自身限制及行醫歷程。簡言之，他正運用從寶座「墜落」的機會來滋養自己，以一種意想之外的方式成長。三十多年的醫學訓練與臨床實務，使他在專業領域中釀出某種大丈夫氣概，好像給肌膚上了不同的顏色。現在，這般的氣概正在消褪，他原始真實的膚色正在回復中。

每個人的裡面都有「埋藏的寶藏」並且「想要被發現」。那引領我們發現寶藏的道路，也將帶領我們進入並穿越「被包紮起來的地方」。對於這樣的入口，我們不可能永遠視而不見。過程中當然會有些損失，然而，我們的憂懼、不確定感、局促不安、無助絕望、直覺、對真實與光明的渴望，都是沿途的嚮導。從我們個別與集體的困境來看，在這旅程中，我們實在也沒剩什麼東西好損失的……反而會有許多新事物等待我們去發現。

〔練習〕

覺察想法與感覺

當我們感到低落、擔憂、恐懼或疏離時，與其想像是某種需要告解、懺悔或悔改的「罪業」，還不如允許自己帶著好奇心，好好探索這些清醒時刻，看看會發生什麼。心靈是廣闊沒有圍籬的大地，處處充滿了驚奇。我們渴望歡樂時，卻經常發現悲傷，預期傷痛時，卻發現黃金。在這片大地上給自己足夠的漫遊空間吧，這裡的規則是不一樣的。你上一次沒有輸贏壓力地玩耍是什麼時候呢？給自己空間好好端詳與學習。跟呼吸一塊兒旅行，讓自己用心、直接、清楚地觀看，不帶偏好或價值評斷，不需要編出虛構的長篇故事或劇本，就只需要允許自己直接不迂迴且同理慈愛地領受當下所呈現的一切。

坐下來，放鬆垂直地坐著，覺察呼吸。給自己若干空間以進入呼吸覺察，慢慢允許呼吸順著自己的節奏。覺察身體的感覺、呼吸的來去、周圍的聲音，讓呼吸成為被關注的核心。深化你對呼吸的覺察，留心腦子裡浮現的聲音、想法、情緒，然後允許這一切過去，不需要加以審查。不用抗拒腦中所浮現的一切，也不用將之視為分心或渙散。只要單純允許任何在覺察領域中所浮現的一切，輕輕地碰觸它，然後放下。

不需要執取任何事，不需要趕走任何事，甚至不需要檢查這顆心。只需要安住於呼吸的覺察……就現在這時刻、這時刻。單純坐著覺察呼吸，沒有要操控任何事，沒有要去哪裡，沒有要追求什麼境界。單純地覺察升起與消逝的身體感覺，沒有要控制任何事，就只是允許覺察碰觸並滲入更深層的身體感覺。

試著擴大覺察的範圍，覺察浮現的想法。留心觀察，定錨於呼吸，在覺察中涵容心中不斷浮現與消失的念頭，這些念頭也許像泡泡、也可能是一連串來來去去的波浪……在不用力追求下，在呼吸中，承接每一件事。不需要分析內容，只需要好奇地覺察：過程、想法、情緒與心中各種聲音。一瞬間接著一瞬間地，覺察它們的來來去去。不需要緊緊抓住任何東西，不需要驅逐趕走任何東西，只需要單純地覺察一瞬間接著一瞬間的變化。覺察內在任何的波動與起伏，覺察那通常被我們認定為「我」的任何念頭、想法或情緒。

坐著，覺察。留心於升起與消失／來與去之間的變化和關係。一個瞬間接著一個瞬間地流出。在開放廣闊的心靈空間裡，允許各種想法來來去去，允許各個事件升起與消逝。

井邊的女人

凱爾特神話中，有一則關於愛爾蘭奧凱德國王五個兒子的故事：這五個兒子去森林打獵，卻迷路了，找不到出口。大家都很渴，於是他們一個接著一個去找水。大哥費格斯先出發，四處尋覓，終於發現了一口井，也發現一個老女人守著這口井。在《千面英雄》中，喬瑟夫．坎伯如此描述這女人：

她全身上下每個地方都比木炭還要黑。滿頭蓬垢混亂的硬髮，刺穿了她頭皮上方的表皮。她頭上像鐮刀的泛綠獠牙，往下一直捲到耳朵處。她可徒手砍下橡樹翠綠的樹枝。她的眼睛發黑又煙霧模糊。她鼻子彎曲，鼻孔超大。肚子都是皺褶與黑斑，看起來實在噁心。她的小腿脛處扭曲得像鉤子，有極粗厚的腳踝，手臂也非常粗大，她的膝蓋有多處腫結，還有長長的爪子。

費格斯站在這女人前面，問道：「只能這樣嗎？」這相貌恐怖的女人回答：「只能這樣。」

然後他問是否她就是這個井的守護者？「是的。」她回答。之後他請求女人給他一些水，女人同意，但有個條件——為了獲得這生命之水，費格斯必須親吻她。費格斯斷然拒絕，發重誓說寧願渴死也不要親吻她，說畢立刻掉頭就走。之後，其他三兄弟都走上了與費格斯相同的路，每個人都發現了這口井，也都拒絕親吻站在井邊的女人，大家都發誓寧願渴死也不要接觸眼前這醜陋的女人，於是每個人都無功而返。

最後，老五尼艾歐出發了。他發現了井，遇到女人。聽完女人的要求後，尼艾歐不僅上前親吻、還擁抱了她。就在他自願親吻後，眼前這位面目可憎的女人立即轉變為美麗動人的女士。尼艾歐一陣暈眩，喃喃說道：「真是驚為天人啊！」「那當然。」女士回答。尼艾歐問她是誰，「泰瑞王！我是皇家之道。」

她以自己的真實樣貌雍容呈現，邀請尼艾歐拿水回去給兄長喝。離開前，她允諾尼艾歐與他的孩子們將繼承王位並擁有最高權柄。這高貴的女士繼續說，當尼艾歐第一次見到自己醜陋又扭曲的模樣時，並沒有像其他兄長般心生厭惡，反而以溫和柔軟的心，慈愛地對待她。她稱頌這就是「皇家之道」——以溫柔慈愛的心，面對不想要的一切，而非粗魯斷然地拒絕。

就在我們啟程前往「被包紮起來的地方」時，這故事給我們很大的啟發。故事要求我們好好端詳在我們眼前的一切，深層地接觸不想要的一切，以自己的速度打開心門，溫和地向前邁進，而不只是一味地否認、拒絕或破壞。如同這故事所暗喻的，若我們迅速地以想法、認知、觀點或意見來看待所呈現的一切，將無法引領我們踏入更廣大的同在領域，結果只會讓大家依舊口渴。如果我們用這種方式過活，將是多麼悲慘啊！請注意，其他四位兄弟沒有因為不願「親吻」不喜歡的人而被詛咒、貶抑或懲罰，只是繼續維持口渴狀態，乾皺、艱困與乾枯。他們不願擁抱守護井水的女人，不願面對、參與及用心於所不想要的一切，於是就無法獲得生命甘泉。

我們都有足夠的甘泉。這故事啟發我們，即使有擔憂恐懼，只要不厭惡也不使自己麻木於憂懼，就有新的可能、新的道路可以進入被包紮起來的地方。一開始，要進入破裂與不想要的領域確實令人驚恐；之後，也許我們會發現，因著願意用心靠近，我們將開始發現取之不盡、用之不竭的生命之泉。

〔練習〕

學習擁抱不想要的一切

每一天，生活中總有無數不想要的時刻，就像海水波浪來來回回。在未來的兩週，當我們不想要的一切來臨時，試著開始刻意與之和平共處，即使只是幾秒鐘，看看會發生什麼事。試著停止狂亂之舉（否認、自責、拒絕），這些舉動經常會伴隨著不想要的時刻顯現。即使只是幾秒或幾分鐘，看看你可不可以讓事物以原來的樣貌存在，既不擴大也不縮小。當你直接面對著不想要的，特別注意身體所浮現的感覺。允許自己留心那些已經被制約的言行舉止，允許自己留心想法的洪流或情緒的宣洩，允許所有這些時刻成為一種訊息的傳遞，而不是另一個自我苛責的事件。比較像是故事中尼艾歐的態度和行為，承接並擁抱所不想要的。而當你如此培養內在能力後，後續故事就有無限可能了。

分離與渴望

人類生活在緊縮的繭之中。不論你是否同意，其實我們並沒有多大的差別，你我大多都生活在密閉、令人窒息又不滿的狹隘空間，我們把這個自己編織出來的世界稱為「我」或「我的」。我們周旋在各種頭銜、地位與角色中，形塑出我們是誰以及我們是什麼的神話，狂熱地追逐，使這個如繭大小的世界具體化與特殊化，狹小又堅實——這被稱為「自我」的世界。這般的自我形塑，在這個時代被推到最高點，我們都生活在一個黑暗的圍欄內。有誰可以絕對誠實又確定地表示自己滿意於這樣的狀態呢？

可悲的是，當我們持續牢固地編織這盲目無知時，我們的世界其實已經落入萬丈深淵了。這對我們所有人而言都是真實的。從謬誤的自我認同，湧現了貪婪、尖銳刺耳的個人感與全球社群的破壞。面對這個現象，我無法輕易賦予意義。然而當我漸漸學習承擔起自己的責任時，就愈加感受到這現象的真實。我們正處在一個頂端，一個歷史上的轉捩點。我們可以繼續生活在黑暗堅硬的世界，假裝它不存在，繼續感到絕望無助或憤世嫉俗，因為我們的感覺就是如此。或者，我們可以開始結伴同行，一起進入黑暗之境，允許眼睛適度調整，讓自己漸漸看清眼前所呈現的一切。

魯米在《馬薩納維》（*Mathnawi*）的開頭章節〈蘆葦之歌〉寫到：「喔，聽聽蘆葦的笛聲，聽聽它怎麼抱怨，聽聽它如何敘說分離孤立的痛苦……」

魯米告訴我們分離孤立的苦楚及蘆葦的原始渴望，是深層的悲嘆，也是熾熱的呼喚，提醒著我們原初的同在。確實，分離的經驗是無可避免的，但在這裡面也蘊含了轉化的能量。正是因為我們願意接觸分離孤立的經驗，才能允許自己，碰觸並思量內在對於連結的強烈渴望。這股強烈的連結渴望，使我們願意親近不舒服並與分離孤立的極度痛苦共處——這正是從分離孤立到同在的連結的門檻與道路。

西方心理學傳統討論欲望（desire），而較不論及渴望（longing），但欲望和渴望是不一樣的。欲望比較是表層的，而渴望是一種對歸屬、安全感與自在的深層冀求。對我而言，欲望有領土疆界，裝備自己的繭，使其如堡壘般堅固、安全與特別。廣義來看，渴望更像破繭而出，進入一個更大的世界。渴望是巨大的，足以帶我們去到長期想望、飢渴之處，然而我們很少在日常生活中感受到它的威力。美國文化對這般深層連結的渴望，呈現在對肥皂劇、愛情故事與性誘惑的喜愛。這樣的能量大部分被運用到賣車、賣電視、賣床組，還有相當悲哀的——賣自己，到處都充滿瞬間光與熱的激情誘惑。我們對親密和歸屬的飢渴，深深被埋藏著。話說回來，對醫師與病人而言，若能在療癒的醫病關係中帶著正念，這本身就是一種關懷的表達，也是內在連結的體現之道。

我經常感覺到，人們對歸屬的渴望遠遠大過欲望，這在我自己、在成千上萬人身上都獲得印證，我相信你也是。當然，我們每一個人都希望沒有疾病與痛苦，但是痛苦的解除，即使只是一點點疼痛的緩解，都是療癒的藥膏，一種超越期待的轉化歷程，而這通常發生於我們碰觸到某種深層且更基本的內在。不論我們的身體狀況為何，都可以有連結感，而連結感會讓我們有歸屬感並領受到完整與富足。

身為療癒藝術的僕人，我們擁有連結歸屬的真實體驗。所以，我們的特權也是責任，就是要創造合宜的環境和方法，來激勵人們碰觸並運用內在的資源，體會內在的連結感（不論表面看來有多少相反的證據）。當人們啜飲這生命之井，即使只是一滴，內在的渴望就會再度被喚醒，回到自己圓滿完整的工程亦將開始動土。當我們立足在正念之上，這般的療癒關係將提供一個美好的實驗室，開啟各種可能。

第四週

我們安靜地坐著，看著窗外。睜開眼，單純地看，允許這重要的眼球接收呈現在視線裡的一切。專注於呼吸、專注於周遭的聲音及所看到的一切。然後我們閉上眼睛，進入內在的風景。一段時間後，再睜開眼睛單純地觀看，看著這天、在這個當下所呈現給我們的一切。持續三十五分鐘的靜默。在這段期間，坐在角落的女士西賽兒愈來愈不安並開始哭泣，她換了位子，之後拿起包包與鞋子準備離開。她經過我身邊，我輕問：「妳要走了嗎？」她臉頰溼溼地點點頭。「我送妳出去。」站在電梯前，西賽兒感到難過、生氣又沮喪，她說教室裡有個味道讓她很不舒服，她實在不想走，但又無法忍受那個味道。

「真糟糕！我要求過大家不要噴香水或古龍水的。」

「是啊，真糟糕。」她說。

我建議把門打開，她一半坐在教室門內一半坐門外，雖然會有門外開放迴廊的冷空氣，但看看這樣行不行。她很樂意。然而，教室門一開，平常聽不到小兒科的聲音立刻明顯又清晰：喊叫、嚎啕大哭、笑聲、低聲啜泣、輕聲細語、孩子與成人間聽不清楚的對話，統統都進入教室。高跟鞋走過磁磚的咖咖聲、金屬枴杖的叮噹聲，電梯高頻的嗡嗡聲，護士的說話聲，來自四面八方的電話聲，所有的聲音平常都被隔離在教室外。現在，在沉默與靜止下，外面世界時時刻刻的變化，全部都被接收下來。突然間，一聲大叫傳入耳中。「媽媽，妳看！」

「噓！」

一段時間後，教室門猛然關上，西賽兒走了。我從生氣迅速轉為難過，一股徒勞無功的感覺油然而生，決定下課後打電話給她。那使她離開的氣味還在教室裡！當我在教室走動時，我發現自己好像一隻獵犬，到處嗅聞，想要找出源頭。我試著保持鎮定，懷疑是否有人注意到我到處聞，我覺得自己很瘋狂，但還是沒找到源頭。

上週我們沒有足夠的時間進行討論，我很想知道大家的練習狀況。對大家而言，練習是困難的還是簡單的？他們是否已經開始將練習運用到日常生活，如果有的話，是在哪些層面？他們的發現是什麼？我希望有空間能讓每個人都講到話，雖然大家在教室裡一起練習，但大部分時間，我們都獨自在家裡練習，這很重要卻也不容易，尤其是在初期。目前剛好是討論的時間。團體裡個別與集體的觀察正在開展，透過討論我們可以更清楚地看到與感覺到自己的生活。

緹娜，一位瘦小的女士，患有慢性的纖維肌痛症。課程開始的前幾堂課，她一直說練習很困難，但現在已經可以規律練習了。她說感覺自己好像面對著一堵牆，事實上，她覺得周圍到處都是牆。她開始領受到，原來為了讓自己可以忍受疼痛之苦，她長期讓自己分心，也使自己麻木、隔離。她說終於可以了解「生理的痛」與「心理的苦」之間的關聯。過去，為了應付長期的身體不適，她截斷了自己的情緒，也截斷了生命之泉。她緩慢從容地說著，反映了她對自己困境的開放，這是前所未有的經驗。她說自己開始可以感覺到什麼時候鼻子、肩膀與背部會陷入緊縮的狀態，也開始了解自己創造了這樣的緊繃疆界，好讓自己感覺安全可靠。現在，她看到自己如何製造牢籠，然後把自己關起來。

大家邊聽邊點頭，紛紛表示贊同，體會到原來那讓我們感到安全可靠的，經常也會成為我們的牢籠。艾琳說：「我早就知道這種現象，但真正地同在比單純地知道困難太多了。」她的話一針見血。

我回想起大約二十五年前曾經參加一個派對，那是第一次意識到牢籠。當時的參與者對深層的事情都巧妙迴避，手中緊握著玻璃杯，避開任何事物的本質，每個人都帶著令人盲目的面具，眼神黯淡無光，話語間的幽默也毫無趣味。當時我是個參與者也是共犯，看得清楚，心底很憋，卻依然自我保護。大約一小時後，在這死氣沉沉的社交儀式中，在緊張局限的廚房裡，我的一位朋友開始發表一些很個人的東西，他的言談是那麼誠實又直接，以至於所有人都安靜下來。彷彿我們一直都在等待，如同收音機般不停掃描電波，私底下都希望能被接收。此時此刻，所有人除了聽他的聲音之外，還能怎樣呢？

當談話結束，眾人皆靜默，整個氣氛都變了。人們開始坐在地板上、脫下鞋子、蹲在角落，用各種可能的方式與他人同在。實際上，大家都參與了彼此，專注聆聽、話語誠懇，真是令人感動、驚奇、真誠又坦率的人們。

今天也是類似的情況。在這間教室，經過三週挖地基的工程後，人們開始卸下偽裝，直接面對反映於鏡中的樣貌，亦直接面對持續練習下的真實呈現。魯米用「一鏟一鏟地挖除」描述這個挖地基的工程，羅伯特．布萊（Robert Bly）稱之為「滿桶的工作」[10]。今天，緹娜為大家開了個頭，其他人接了下來，討論中沒有自我譴責、沒有心理的嘮叨、沒有聳人聽聞的事件、沒有虛偽

譯注：

10. bucket work，意指極有紀律地工作。

矯情，有人提到在練習時睡著了，有人被夢驚醒，有人因為長期把自己關在麻木與自我保護的堅硬牢籠中而感到心寒。這裡面有憤怒，甚至悲傷也不請自來，不過倒是沒什麼拒絕或絕望感。大家學習看清楚，同時真實承接所看到的一切，用愛心與好奇心來見證並欣然接受。然而，這不是簡單的工作。重複出現的慣性總是顯而易見，無疑地這將使我們認清，個人的練習決心與團體的分享凝聚是多麼重要。

討論進行到一半時，我突然看到左右兩邊牆上高掛著兩個圓形小東西。「這是什麼？昨天還沒有啊？」問完後，我忽然恍然大悟！有人好心地把這兩個空氣清新劑放在這間教室，就是這兩個小東西讓西賽兒離開的啊。我站上椅子將空氣清新劑取下並丟掉。隨著時間經過，空氣自然而然變得清新了，我們繼續上課。艾絲爾說她不知道為什麼自己一直哭，眼淚好像流不完，有時好像是因為突發狀況，但有時即使她感到相當祥和平靜也會一直哭。在過去的三週，當她提到自己的人生時，對於過往總有很多懸念。但今天她明顯不同，她稍微描述一下過去，好讓我們更能了解她所說的話。她說她已經很多年不讓自己哭了，實在搞不懂為何現在會一直哭，也不知道為何她要接受這個現象。但是，她已經不再試著用力去弄懂了！她說，現在她願意給自己空間，即使不知道為什麼。

同樣地，大衛說他被這世界的生趣活潑給震撼到，他經常深受感動以致淚水情不自禁流下，有時是在等紅綠燈時，有時是在廚房的餐桌上。他懷疑自己錯失了多少，也懷疑自己視而不見的慣性已經有多久了。琴納跟緹娜很像，對於現在才開始發現自己的人生感到很吃驚。她分享道，不知從何時開始，她的硬脾氣開始逐漸滲入生活，形塑了她的世界與回應。她驚愕又迷惑於過去幾年的歲月是怎麼消逝的，那些年她在做什麼。傑克剛從前列腺癌中復原，他說自己從來沒有放鬆過。菲力普很訝異自己怎麼會覺得「好多了」，因為背痛的情況根本沒有改變，他搞不清楚怎麼會這樣。

討論相當熱烈。許多人很訝異才幾週的練習，就可以動搖並照亮長期的習慣與行為模式，也有人對自己的因循苟且與拖泥帶水感到洩氣。他們開始看到無聊、疲憊、煩躁、忙碌、恐懼、分心、想逃的欲望，每天都會來訪。而在正式練習時所經驗到的，其實也正是日常生活的樣子。這讓正式練習本身激起耐人尋味的魅力，而不再只是鋪天蓋地的無聊疲憊，開放的好奇心和吸引力正在形成。學員開始接觸到一種長期的渴望，想要了解自己，也想了解自己的人生，不管身體狀況為何，不管是什麼把他們帶進這間教室。討論很快就結束了，教室還是傳出嗡嗡的對話聲，沒人想要離開。這週在此當下所呈現的一切，正如我們的人生、我們的工作。心已經被點燃，注視著「被包紮起來的地方」，準備出發！

但，事情還沒完。

課程結束後，我離開教室去上廁所。當我從廁所出來時，卡拉這位年近六十的高大女士出現眼前，她只說這星期要跟我約個時間講電話，但沒有說要談什麼。我們約好隔天聯絡。今天早上在課堂上大家討論得很熱烈。也許當時我太直接了，我知道她有點不舒服，不過當時我沒有處理，因為我不想把她看得很脆弱，雖然她有時候會像孩子一樣啜泣，但如果她有憤怒，我希望她能自己說出來。這簡潔卻強而有力的碰面，提醒我她的真實樣貌，這是頗細微的。我知道她可以自己站起來，即使短暫又不自然，但她確實做到了！

隔天的談話，她告訴我三週前她就對我不高興了，現在終於決定要跟我說。當時我講述著若干科學研究，完全跟她個人無關，至少就我印象所及，事前也不知道我所講的事情對她有特殊意義。她說我當時正在「踩她的地雷」。她覺得當我公開講述六十歲長者的憤怒現象時，其實「矛頭是對著她」，即使我的結論是對長者正向積極的肯定。當時我在跟大家說明，透過緩慢、刻意與耐心地規律練習，一段時間後，人體的大腦自然會出現可塑性，即使是年長者。

我們在電話中詳細討論，也聊到昨天的狀況，那確實激怒了她。她不想跟我多說，要我多注意自己的言行舉止，好好觀察自己的動機、自大與傲慢。我們沉默了一段時間，這可一點兒都不舒服啊！但又怎樣，我開始要求她，所以她也開始要求我啊！她正在跟我相處互動，正如我選擇跟她相處互動一樣，而且更重要的是，她正在跟自己互動。我們能夠為彼此做這件事是非常了不起的。我像其他學員一樣明確感覺到，我們正開始並肩同行，我們每一個人都在進行自己該做的事情。對於可能給她造成的傷害，我向她道歉。她清楚、直接又有覺察地回應：「現在我覺得好多了。」一段時間的靜默後，她以一種新出現的力道開始講話：「薩奇，我要你知道，**我的面具正在鬆脫。我以前對人都很好，笑容可掬，說宜人的話，但我發現要一直保持如此，已經愈來愈困難了。**我明白現在的做法是對的，但老實說，也實在很可怕。」

原來如此，她的話語是那麼強勁又具說服力！卡拉對生命所投入的精神與力道，令我開心到近乎飄飄然，需要刻意使自己冷靜一下。談話結束時，她堅定地謝謝我。更加清楚自己的狀況和立場後，她說自己非常感激能被看到，也很感謝能以這種方式跟一位成人對話。我們互道再見，對彼此的了解多了一點點。

在這樣的過程中，課堂從未真正結束，只是換了地點。透過正念鏡片所看到的一切，全部都是靜觀的對象，也都是生活本身。所有學員在投入正念生活的同時，也都在仔細聆聽，用一種新的方法進入並反映自己的生活，如同瑪麗·奧立佛在詩作〈旅遊〉中描述的：

……有個新的聲音

你將慢慢地

辨識出那是你自己的，
與你作伴
就在你愈走愈深地
進入這世界，
決定要做
你唯一可以做的事情——
決定要保存
你唯一可以保存的人生。

愛的努力

猶如小心地擦亮鏡子，正念邀請我們穩定從容地專注於生活中的分分秒秒。我們緩慢地擦亮心靈之鏡，這其實是身而為人的基本活動，跟日常生活的剔牙、洗臉、穿衣沒什麼兩樣。靜觀是這擦亮歷程的核心，而持續的練習就是整個過程的發亮劑。這是一種接連不斷的更新行動，沒有轉頭走開，而是學習直接去觀察與面對所有呈現在我們面前的一切。

開啟那已經關閉的，碰觸那已經不再被碰觸的，領受一切真實的樣貌，這是多麼困難又費力的工作啊！諾貝爾和平獎候選人一行禪師，如此描述正念歷程：

> 正念是持續地揭露呈現（revealing），也是持續地療癒。

「揭露呈現」本身就是一種療癒，功能就像是大門口，能讓我們進入某個地方。進入後，面對生活中各種感覺與輪廓樣貌，我們將獲得第一手的資訊，直接地體會了解，這可能也是我們第一次用這種方式進入自己的生命。假如警覺是天生的能力，我們心不在焉的能力肯定是跨世代且高度精煉的技能。就像「井邊的女人」故事裡的四兄弟，他們確實遇到了井邊的女人，就好像我們確實碰到了一些狀況，但出於自動化的習慣，我們轉頭走開，因而未能碰觸到經驗中的真實與實在。在這種情況下，生活中大大小小的苦惱憂煩剛好成為推進器，把我們推向封閉、麻木、自動導航，於是我們只注意到那些最表層、最顯著、最粗大厚重的痛苦。

不論我們是提供或尋求照顧者，若欠缺持續的內在教育，不願意停下來仔細觀察自己的身體、心理與心靈，就會產生嚴重的後果。不論是封閉或麻木，正念邀請我們反其道而行，刻意地直接領受各種痛苦的強度。走在這條路上，我們有機會也有方法邁入自我轉化的大熔爐。當我們願意檢視內心的痛苦悲傷、分離孤立與形單影隻，願意檢視自己與他人的關係，此時，我們已經啟動了轉化的無限可能。

在靜默、寧靜、分享等扎實的考驗中，我們逐漸形塑和培育對自我的認識，這是將正念落實於醫學與健康照護領域的基礎。我們要從自己開始，不論眼前的風景為何，全然擁抱生活，這是正念練習的起頭。當這樣的練習成為療癒關係的核心時，我們自然會援引到他人身上。話說回來，如果療癒要產生作用，這也是必經歷程。

療癒指的是我們願意有覺察地感受與承接自己的所有層面，既不切割以壓抑、否認或視而不

見，也不拉開距離來讓自己無感。基本上，無論我們的狀態或處境為何，這是自我寬容與自重的體現，也是我們圓滿完整的表現。這對我們自己或對有幸一起工作的人而言，都是深層的滋養。接收這類的滋養和無為息息相關，不尋尋覓覓、不試著做些什麼、不用力到達什麼境界，反而是要學習停下來，安住在這裡，不管有多不舒服或痛苦。用這樣的方式生活，本身就是一種愛的努力。這給我們每一個人很好的機會，讓自己的真實本性得以呈現。如同任何有價值的努力，這不會沒有痛苦，然而，就在這痛苦裡，充滿的是喜悅自在的新生活。

〔練習〕

搖育心靈

隨著正念練習中「揭露呈現」的層面逐漸開展，我們可能會有心痛的感覺，也可能出現柔軟溫和的感覺；可能會碰觸到自己的脆弱，也可能領受到自己的寬闊宏大，非常陌生，有些甚至看似難以承受。這樣的感覺正是心靈處於開放狀態的展現。一般當我們身處這些狀態時，有太多負面的想法與想像可以汙染真實的狀況，譬如：根本不可能處理現在所面對的狀況、我們是沒有價值的、我們就是不討人喜歡。學習與這些情況合作共處，我們將能步入並穿越心智的狂亂躁動，進而發現一個無語、空靈、開放的心靈世界。

接下來的靜觀練習，我將以胸部作為專注的對象。當我們往內檢查胸腔時，永遠找不到一個稱為「心」的器官。然而，在我們的語言裡卻充滿了有關心的語彙，而且一般我們都認為它存在於胸部的位置，這個與生死息息相關的地方。

進行這項練習時，你可以坐著，也可以躺著：兩腿伸直、雙手放在身體兩側。如果是躺在地板上，下面鋪個墊子或被子會比較舒服，如果你覺得需要小枕頭，就用吧。

為自己找個舒適的姿勢，把注意力帶到呼吸上面，給自己一點時間，安定下來，進入呼吸之流。如果你願意，不論坐著或躺著，都可以將覺察帶入身體，領受身體是溫暖的或涼爽的、放鬆自在的或是煩躁不安的、輕盈的或沉重的、堅實的或透明的……身體跟地板、椅子或坐墊的接觸。覺察聲音，在你裡面或周圍的聲音。留心來來去去的想法和情緒……在這裡躺著或坐著，覺察呼吸……覺察身體裡各種熱鬧的變化……領受坐著撐起自己身體的感覺，或是被地板支撐的感覺。徜徉在呼吸裡……被呼吸支持與承接著……不需要做任何事情或使任何事情發生……安住於呼吸的起伏，安住於覺察生命的呈現，不論所呈現的是聲音、想法還是情緒……

現在，當你準備好時，把注意力帶到胸部，領受在這個區域所浮現的任何感覺……覺察胸部……也就是感覺中樞——心的所在

領受呼吸的搖擺節奏，氣息進來、氣息離開
讓呼吸的節奏，就像搖籃般緩慢而穩定
溫和地在覺察中，搖育你那柔軟開放的心靈
搖啊搖……搖啊搖……以關懷慈愛承托住這顆心……
搖啊搖……搖啊搖……溫柔地搖動……就讓呼吸安穩的擁抱與搖育的支持，滋養你……

給自己一些安全的時空來了解自己……來認識自己的溫暖與柔和……
呼吸……搖一搖……你想搖多久就搖多久……或者你需要搖多久就搖多久……
就在你發現開放心靈之際，允許正念的療癒層面被揭露呈現……
願意容納一切的心，一顆不帶評價或排斥的心
呼吸……覺察……開啟心的廣袤無際……
這一刻的恩典……單純與自己同在的慈悲
搖啊搖……呼吸……溫暖地擁抱自己的心靈……安住其中

擔憂恐懼

上星期二我接到芭芭拉的電話，我們差不多已經一年沒見面了。當我到病房時，她媽媽守候在旁，像個極度疲憊、被打敗卻又絕對堅定的守衛，也像母獅溫柔地護衛脆弱的女兒。

芭芭拉躺在床上，整個腹部包紮著，看起來非常不舒服。她努力打起精神，用力擠出一聲「哈囉」。她相當虛弱也非常疲憊，眼睛裡透露著不安與恐懼，但有些東西似乎更顯著，她的精神。我所熟悉的她，眼裡經常閃爍著堅定的亮光，在面對令人難以承受的治療過程中，這亮光逐漸消失中。就在那一刻，我們彼此心知肚明，她為什麼打電話給我而且要我去看她。

芭芭拉向我描述病情時，她媽媽不時地插話，說芭芭拉是多棒的女兒、一定會擊敗疾病再站起來，然後她們將一起做這做那等等。在此同時，骨瘦如柴的芭芭拉以極為沉重的步伐在房裡走著，向我描述自己目前的身體狀況與各種疼痛、不良的預後、她對醫師的高度敬重，而當醫師束手無策時，她的感覺為何。我聽著她們倆的講話，好像是站在十字路口左顧右盼的行人。

芭芭拉告訴我，她在進手術房前就開始播放我的正念錄音，並要求醫護人員在手術過程中持續自動播放，之後在恢復室裡也在我的聲音中漸漸甦醒過來。她充滿感謝，在病床上充分體現了正念減壓課程以及長期病痛中所學習到的一切。不只是錄音帶的運用，在生命的狂風暴雨中她依然穩穩站著，令我由衷欽佩、敬畏，也為她感到驕傲。

在這段回溯的談話中，她媽媽什麼都沒說，只是不斷點頭。芭芭拉繼續說著預後狀況，她說過去十年服用太多類固醇，醫師說她的傷口可能因此而難以縫合，因為她的「身體裡面很像奶油」。至於接下來要怎麼辦，醫師們也拿不準。

「我的身體裡面很像奶油。」

就在那一刻，這句話背後的某些東西抓住了我，我竟然感覺自己的身體也很像奶油，瞬間劇烈升起一股噁心、厭惡、很想脫逃的感覺。我沒辦法清楚描述那是什麼，但她說的話確實引發我強烈的恐懼。再度開口時，我知道自己很難聚焦，人在心不在。最後我逃離了病房，匆匆走過迴廊，迅速獨自步下樓梯井，這樓梯井給我避風港的感覺。我感到好羞恥，對自己徹底不滿，卻也暫時鬆了口氣。

撰寫這段文字時，我注意到自己好想要繼續述說，告訴你我下次看到芭芭拉的情況，希望能挽回我在你心中的形象，還有在自己心中的形象。你會怎麼想我？從這件事情之後，你會對我下什麼定論？我如何向你證明我是個真誠又和善的人，一位稱職的醫師？活在這類聲音的漩渦裡，是毒藥，只會導致更多的切割與孤立。對我而言，很清楚地，不願意承認事實，比事實本身更具殺傷力。我的防衛會推開更多，也會否認更多。你聽得出來嗎？這不是個人的「告解」，這是我們身而為人的集體任務，但學校從來沒教。

課題永遠在我們眼前，就在我們的鼻梁下，你嗅到了嗎？

〔練習〕

與擔憂恐懼合作1

一旦我們開始仔細觀察自己的生活，很快就會發現擔憂恐懼無所不在。當我們感到擔憂恐懼時，慣性的反應是透過壓抑或切割來自我保護。與芭芭拉的短暫碰面清楚地呈現，我們有多容易落入慣性反應的循環。感覺到擔憂恐懼本身不是問題，在很多情況下，這是對所處情境的健康反應。重要的是，在感覺到擔憂恐懼時，我們可以清楚知道它如何影響我們的想法和行為。**慢慢地，我們將學到，當擔憂恐懼來臨時，我們可以跟它合作與和平共處，完全不需要否認它的存在或被它的強度所控制。**

這一週，試著開始留心各種擔憂恐懼的小衝擊，使你生活更多采多姿的小擔心。仔細觀察：即使在覺察呼吸時，其實我們還是能夠停下來，感覺並專注於擔憂恐懼。這是很有益處的。呼吸不是用來「掃蕩」擔憂恐懼，也不是用來擊滅身體感覺。看看你是否能變得柔軟些，允許自己與各種起起伏伏的真實感覺同在。唯一需要的，就是好好慢慢地認識這些擔憂恐懼。請自行決定要停留在擔憂恐懼裡多久。

〔練習〕

與擔憂恐懼合作2

面臨新狀況時，我們很少不會感覺到擔憂害怕，某種微妙著迷的感覺可能會升起，也會想看清楚整個狀況。然而，擔憂害怕的強度卻經常嚴重限縮我們的覺察能力，也讓我們不敢好奇。

透過願意直接面對各種擔憂恐懼的感覺，你將開始慢慢建立起自信。於是你可以觀察到，伴隨擔憂恐懼一起出現的，經常是好奇心與神祕感。幾乎可以這麼說：擔憂恐懼升起時，表示我們正在進入一個新的領域，生活層面正開始擴張，就在這時候，我們有機會跨入這個新領域，而非逃離。試試吧，看看你可否感覺到一種非思維推論的探索，直接滲入你的經驗裡。然後，在不否認任何擔憂恐懼的感覺下，試著把自己導入並好好領受此覺察的質地。觀察當你如此安靜專注時，是否有進一步的發現。

〔練習〕

與擔憂恐懼合作3

當你愈來愈熟悉擔憂恐懼這個領域時，看看你是否可以開始練習臣服（surrender）。允許自己對感覺本身愈來愈開放，允許在自己可以的範圍內放下防衛，把自己交託給當下。對這些時刻的允許，就是正念。於是，關於「你是誰、擔憂恐懼是什麼、你與擔憂恐懼的關聯」等觀點，你就會緩慢持續地位移轉向。

無立足之地

我們都在追尋堅實的立足之地。然而，如果我們認真仔細地觀察，就會發現根本沒有這樣的地方。話又說回來，領悟到我們其實沒有堅實的立足之地，那感覺是挺恐怖的。因此我們會耗盡幾乎所有清醒的時刻，來建構安全感，劃定界線與疆界，以確定我們的勢力範圍。這使人極度筋疲力竭，也令人不滿，尤其是在面臨改變生命的事件時，例如醫療緊急狀況、驚愕的醫師診斷、自己孩子的生死關頭。在這些時刻，我們慣常以為擁有的立足之地，開始變得模糊，而這也是引領人們進入減壓門診的主要緣由。

面對生活中的巨變，人們感到沒有安全感也不舒服，卻依然想為自己做點什麼。他們經常會說，某些混亂絕望的事讓他們感到震驚、憤怒、沮喪、憂鬱、沉重。然而，這些元素其實正是轉化的跡象和火花。人們以狂亂之姿來到這裡，醫師稱之為心神不寧。這般的心神不寧本身就是毫無立足之地的感覺。所有原以為已知的、被視為理所當然的、被認為可靠能依賴的，都破碎了。正因如此，這些令人心碎的時刻，亦可催化深層卻意料之外的發展與成長。這通常也是正念的工作重點。隨著課程的開展，你會慢慢看到，不論是生命受威脅的重症病患或長期受折磨的慢性病人，都開始學習如何與不確定共舞，以此作為發現前所未見新可能的基礎。

同樣地，對身為醫護專業人士的我們而言，想要與病人全然地共同進入這領域，我們必須先能把自己安住在這裡。也就是，願意一個瞬間接著一個瞬間地踏入一個開放且無疆界的領域。在混亂的邊緣舞蹈吧，即使發現自己不斷徘徊或重回舊有的慣性，不斷地想做些什麼來填補自己的空虛，那種做任何事情都好的不安。但是，透過正念來協助他人，通常也意味著不去做預期中或渴望中的事。要好好做到這點，不需要允諾任何事；如果真的要允諾什麼，就允諾不確定吧，那開放又蘊藏無限可能之境。

〔練習〕

與不確定合作

也許，根本沒有所謂堅實的立足之地。也許，正當我們努力建構這虛幻之境時，生命中很多東西已經流失了。給自己一些空間，也給自己一些時間，不論多久，好好探究那所謂堅實的感覺吧。留心觀察，你花了多少時間在建構一種永久長在的感覺。開始留心觀察，不論是在療癒關係裡面或外面，你花了多少難以計數的時間，努力築起防禦城堡，努力架構一個已知而無瑕的世界。這麼做，所帶來的，到底是增強或減緩緊張、更多或更少的困難、更多或更少的歡樂？當你緊緊抓住這樣的地方時，覺察你身體的感覺，覺察內在的波動，這擠滿心靈的高密度波動。在日常生活中實驗看看，花少一點時間去建構想像中的穩定城堡，學習隨順生命的起伏波動。

也許，對我們所有人而言，交織在生活廣大網絡下的種種不確定裡，都有寶藏等待我們去挖掘！

乘坐於綠線電車上

當時我住在波士頓，開始私下拜訪個案。綠線輕軌電車剛好行經我住所附近，車廂老舊，還有異味，大概是波士頓所有列車中最擁擠不堪的了。列車時而行駛地面，時而駛入地底，即使在寒冷的冬季，車廂裡還是熱得讓人受不了，裡頭的暖氣也不靈光，非常不舒服。那天大家實在忍無可忍，為了讓空氣流通，乾脆把窗戶打開。外面下著雪，列車行經白色骯髒的街道，也駛過廣場，周圍有許多沿著軌道玩耍的孩子，做雪球丟向行駛過的車廂。

路上到處都是車子。我站在車廂裡，抓住頭頂上的把手，搖來晃去地好像催眠音樂，一股朦朧四溢的自我滿足感油然而生。我心裡想著剛剛的個案，覺得自己處理得很好，整個人爽快地沉浸在美好的感覺裡（老實說更像是在恭賀自己）。突然間，我想起另一位很難處理的個案，心裡擔心著他。後來我下了個結論：「他」一定是在「拒絕」什麼，我盤算著該怎麼跟他一起工作，思索怎麼樣可以讓事情進行得更順利。我迅速感到局促不安，一股無力感湧竄心頭，好擔心自己無法勝任。

很快地，我將思緒從他身上，帶回到我自己身上……

我很開心能幫助別人，被別人需要。想著想著，一顆雪球忽然從敞開的窗戶砸在我的臉上。這雪球飛過坐在窗邊的人、越過站在走道上距離我很近的人。我被嚇到，覺得很尷尬，臉流著血，低頭看著地板。我立刻懂了，原來雪球裡藏了個灰色的石頭，被一隻未知的手臂精準地丟過來。

抉擇，真的，抉擇裡面有太多意圖，這些意圖因著我被嚇到而意識到，因著臉擦破皮而清楚呈現。「別再做個案了，直到你徹底了解這個想助人的需求為何，直到這個需求確實被需要。」

無力的陰影以及對無力感的恐懼，是「助人過程」的搭檔。打開明亮的雙眼找尋吧，它會教你很多的，我也是它的學生呢。

無力感

我注意到在自己裡面，有時候無力感會偽裝成很想幫助別人，輕易驅使我不斷行動、計畫、狂熱地東忙西忙，還會將某些觀念想法強加在自己或別人身上。這其實是一種陷阱，也是隱微的操控形式，來自於我們的深層恐懼與對自己的不滿。你有發現這個現象嗎？

這樣的行為大多是無意識的，讓我們完全忘記覺察。然而，有時候這其實是無意識地蓄意，一種奇怪又痛苦的弔詭。這弔詭裡的真相是那麼令人難以承受，我們乾脆加以駁斥拒絕，於是也蒙蔽了自己。更糟糕的是，我們對於自己內在那溫柔又容易受傷的心靈非常暴力。當有一種強烈不知或未知的感覺時，我們無法輕輕地承接，無法安住在沒有答案或不知如何解決的狀態，無法包容出手幫忙本身會有的脆弱，無法理解助人這項行為的本身總是伴隨著模稜兩可、損失和無止境的曲折。所以，我們採取了最自然、從文化的意義看也是最安全可靠的做法，那就是拒絕這類的脆弱。**因為我們不會或不願安住在這種緊繃的狀態，所以我們採取行動。**

最近我經常刻意覺察這種心態，也跟同事開放地討論，發現到在大多數狀況下，這類拒絕的根源是不確定感。對我們自己感到不確定，對工作感到不確定，不確定別人怎麼看我們，不確定我們存在的意義，於是，我們用各種行動來填補不確定所衍生的尷尬與不安。我們多少希望透過適當行為來確認自己的存在，為我們選擇的專業工作提供正當性，甚至為我們的人生提供正當性。這沒什麼好壞或對錯。採取這類行為不會貶低我們的專業性或人格。如果會的話，我們所有人大概都得離職了。但是，這確實呈現出我們可以著力的地方。你知道這個地方嗎？你可以感覺到那永遠填不滿的黑洞嗎？你可以感覺到一直想要填補這空洞的強烈欲望嗎？在努力做好與被需要的過程中，本來就一定會產生「做不到」與「筋疲力竭」的現象。許多健康「照護」都是奠定在這類無力感的基礎上。

這般的不確定性、這般的無力感，顯示我們的限制與優勢的交會。在自己的工作中浮現這類感覺時，通常也是行醫生涯的轉捩點。畢竟，這都是我們的人生，雖然不是全部的人生。一位天主教神父的分享，讓我清楚領受這工作持續性的本質，他跟另一位神父一起來醫院參加八週正念減壓課程，有次我們深入討論獨身生活。他說：「我每天都必須決定維持單身生活，光是二十年前在神學院所下的重誓還不夠。今天這對我沒用，今天，我必須選擇，今天，我必須再做一次決定。」

跟他一樣，今天我們每一個人都必須做決定。決定慢慢不再陷落於長期的慣性反應。決定將開放的態度帶入可以著力的地方。決定將開放的態度帶入我們無能為力之處，也許在這種狀況下，最好的幫助就是什麼都不做。決定願意忍住一直想要跳進去好讓事情做好、做對或順利的衝動。不過，這是有代價的，這代價就是孤獨，以及自我利益的緩慢消融。

〔練習〕

與無力感合作

制約的力量在日常生活中具有巨大又強烈的影響，尤其是當我們被期待做些什麼或要「幫忙」時。在這些時刻我注意到，即使只是幾秒鐘，如果我願意不急著作為，如果我願意在無法給出一個答案、一個好的回應或計畫時，能夠安住在看似無處可逃的狀態裡，這麼一來，我的所作所為反而更有實質的裨益。

當我用此方式與自己相處時，即使偶爾會感到無能、做得不夠好或好像在放棄，然而，一個更為寬廣遼闊的領域總是會自動呈現。這般的「寬廣遼闊」既非虛無亦非隔離或逃避，而是一種平靜與開放的感覺，情緒之流在此交會，雖然還是會有急躁不安與混亂，但已經少很多了。

下次在生活中如果有無力感浮現時，試試看無為，也許會很有幫助喔。當我們願意停下來，處在某種未知或不確定狀態，甚至允許心中的波浪沖刷自己，這其實是種宏大開闊的心靈狀態。如果我願意不帶絲毫目的，以此開放的態度和各種亂流同在，對自己有耐心，也對所處的情境局勢有耐心，正確的行動經常就會自動顯現。在這些時刻，保持靜止與平靜的意願，還有呼吸，都是你最好的盟友與最真實的靠山。

第五週

課堂中清晰的團體動力總是吸引著我。

這週除了與卡拉通話，我也與其他學員進行電話訪談或面對面會談。這感覺好像在用酵母發酵箱做自然發酵的麵團，每次這類的談話都很像是在看看上週課程的發酵狀況。發酵箱是黑暗溼暖的，裡面充滿了天然酵母，麵包師傅有時會用發酵箱來發酵麵團，一段時間後，麵團放入烤箱就可以轉化為營養健康的食物了。

兩門的發酵箱相當高，不鏽鋼材質，打開門往內瞧，你會看到不同發酵速度的麵團，這很像在減壓教室裡的每一個人。電話訪談讓我知道，有些人即使覺得很困難，但聽到別人分享也會受到鼓舞。有些人提到如何「運用」所學處理生活中的困難，有些人講到上週課程的影響，也有些人表示很訝異只是進入「一個減壓課程，卻有這麼多新發現，讓我更了解自己，真是始料未及」。但是，也有些人感到相當鬱悶，尤其在跟其他同學比較時，總覺得自己好像都沒有「成功」經驗。他們的無力感被線性思維放大，因此即使課程只進行到一半，他們都覺得「永遠無法完成剩下的四週」。他們在想：是否應該放棄、是否一開始就不應該參加、是否有什麼方法可以改進、是否我聽過跟他們類似的學員但覺得課程很有收穫？這類對話經常出現在這個階段。

上週課程結束後，對於學員的狀態、他們所分享的點滴、他們如何開始「看到」並慢慢將正念運用到日常生活中，我深受感動。於是我寫了一封信給每一個人，表達我對他們付出練習的感謝。參與課程的實習醫生也收到信件，他好驚訝，特別來問我這是不是在第四堂課後的「標準」動作。答案當然是否定的。

上週大家走到的深度與討論的內容，學員們所說的、未言明的，大家的真誠和努力，這週一直攪動也迴盪於我心中。這週的家庭作業是使用引導式錄音帶，交互練習身體掃描和正念瑜伽，每天一次，每次四十五分鐘，這類練習從第一週就開始了。除此之外，大家也開始自行練習靜坐，沒有引導式錄音，從第二週的一天十分鐘，慢慢增加到一天二十五分鐘。今天他們會拿到新的錄音帶，是四十五分鐘的引導式靜坐。

今天為了要讓大家熟悉靜坐錄音帶裡的內容，我們坐了三十五分鐘。之後，我讀一首詩給大家聽，這是十三世紀詩人魯米寫給他的抄寫員兼好友胡薩．才勒比（Husam Chelebi）。由美國詩人克隆曼．巴克斯（Coleman Barks）翻譯，名為「賓客之屋」。這首詩活生生地道出參與者的心聲。今天，我大聲朗讀，獻給他們、獻給自己，也獻給你。這首詩體現了生命的重要層面，在正念練習中將直接面對這個層面並與之互動。

身而為人猶如賓客之屋，
每天早晨都有新的訪客。

有開心的、有抑鬱的、有惡劣的，
偶爾也會有覺察來到
意料之外的訪客。

歡迎並款待大家吧！
即使是一群帶來痛苦哀傷的人
他們用暴力橫掃屋子
破壞所有家具，
依然，招待並尊敬每一位賓客。

他也許正在徹底整理你
帶來若干新的欣喜。

黑暗思想、羞恥遺憾、敵意怨恨
在門口和他們相遇，大笑
邀請他們進來吧。

感謝每一位來者，不論是誰
因為每一位都是被差遣來的
成為你的嚮導，從更高的境界。

我大聲朗讀這首詩三次，然後大家一起安靜坐了十五分鐘。在這次靜坐結束前，我邀請大家回應這個問題：「你正在學習的一件事情是什麼？」我建議大家允許自己接收這個問題，然後仔細聆聽由內而出的回響。如果願意的話，再跟大家分享自己的發現。

正念練習的脈絡要求每一個人盡量留在原地，盡量貼近生活各層面的真實赤裸樣貌，不需要審查自己的經驗，更毋須將經驗形塑成為另一種樣子。幾週下來，大家愈來愈熟悉這種型態。這帶來精準與清晰，促進彼此間的了解與集體的共振。在團體中，我們不強迫任何一個人分享。話說回來，願意分享自身的真實體驗，本身就是自我了解的關鍵元素。這反映也鼓勵大家對團體的投入，在建立一個社群時是重要的，也是需要刻意培養的。

大家都有很多話要說，許多人說了兩、三次，沒有人沉默。有人提及正念讓他們體會到生活的慣性模式。幾乎毫無例外，大家都提到如何讓自己在平常就能維持正念；也發現在某些典型的情境下，自己已經有非典型的回應方式。有些人提到家人似乎不太了解他們正在產生的變化，也有人說自己也不太了解自己正在產生的變化。許多人表示在面對不舒服的情境時，更能平靜、放鬆，也更有彈性。有些人發現未曾領受過的自信，因為他們已經能夠不再把胸中的硬梗往肚裡橫吞，即使他們長期以來都是如此。比起兩週前所表達的強烈痛苦，這週大家的分享真令人動容。學員的對話討論進行許久。

約翰說，「賓客之屋」真是「有力」。光只是聽到這首詩的內容，就足以讓他開始了解「靜觀」，特別是學習各種新方法以面對時刻變化的靜觀。此外，永遠都有「新的訪客」也讓他覺得頗受啟發。他說自己已經開始從思考層面、感受層面、身體感覺層面，或是在面對非預期情境時，實驗「招待並尊敬每一位賓客」。這首詩深化他投入練習的意願，也讓他用更友善的態度對待自己。大家熱切討論，有人要這首詩的影本，有人分享在聽到這首詩之前與之後進行靜坐練習的差異。這首詩讓他們了解「如何」能帶著開放、非審查、非評價的態度，允許在靜坐過程中進入覺察領域的一切。

前兩週，法蘭絲在大部分的課堂中總是眼眶含淚。這週她開始安靜地啜泣，臉頰泛紅，滑落的淚珠在這親和的空間裡閃爍著。她剛經歷了極為痛苦恐怖的失落：她的兒子過世了。無止境的憂鬱、焦慮和恐慌使她受盡折磨，雖然她還是持續養育另五個孩子。她看著我，我們眼神相會，我知道今天她會講話。她張開嘴巴，動動嘴脣好像要講一個字，但沒有聲音。她又再做一遍，點點頭，用力擠出：「你怎麼能夠在門口和他們相遇大笑？你怎麼能夠邀請他們進來？我笑不出來，我好難過，只感覺到悲痛與內疚。」教室裡的每一個人都看著她，大家深深吸了一口氣，隨著氣息出來時，也發出無言的嘆息。

她的提問像枝強勁的猛箭刺穿了我，我知道她不是故意找碴，她一向不是這樣的。相反地，我明白她真的很想要知道，很渴望能從過度負荷中獲得解脫，跟我們每個人一模一樣。因此，有段很短暫的時間我無法動彈也說不出話。這裡，就在此刻，除了收下她的問題之外，已經容不下空間給別的事情了，這反而給我自己一些空間來真正感受這個問題。就單純地領受，然後緩慢地收拾聚集所有被激起來的一切，之後在我裡面釋放，允許所有不預期事件的到來。「賓客之屋」

以及過去四週我們一起做的練習，這一切邀請、鼓勵也敦促大夥兒開始開放，歡迎在生活中出現的一切，因為，它們已經在這裡了。法蘭絲的提問意外地敲著我的門，現在，超越任何概念性的想法或思考，「賓客」已經到了，我被邀請「歡迎並款待大家」。

法蘭絲先前有跟大家提過喪子經驗，因此在回應她的問題時，我就比較放得開。我跟她說，這首詩完全不是在告訴她，在面對兒子回憶湧上心頭時，在哀傷悲痛來臨時，應該要能像詩中文字所說的「大笑」。**相反地，這首詩指出的是一種內在的態度，在面對我們所遭遇的一切不幸時，敦促著我們抱持開放的態度，試著和我們的哀傷痛苦同在。**這不是一般面對逆境災難的方法，在這些時候我們大多是忍耐或抗拒、退縮或逃避，或者讓自己很忙碌，這是我們的集體傾向。她自己就曾這麼說：「我努力維持忙碌，好讓自己沒有感覺，不然這痛苦會把我淹沒、把我殺死。」從這個角度看，我的說法對她多少是有意義的。

雖然我沒有喪子經驗，但確實也有許多失落經驗，某些也跟我的孩子有關。剛開始，這些失落顯得難以承受，似乎也不可能癒合。我感覺到，法蘭絲已經為自己製造了極大的恐懼，並且深信她一定無法跟自己的痛苦哀傷和平共處。但我不相信這是真的。我提醒她，她對兒子死亡的態度已經完全超乎她的控制範圍，因著這個原因，也因著過去四週我們一起透過正念探索生活核心的經驗，我覺得，也許她可以就從這週開始，試著與這些情緒大浪同在，真實地去感受這些情緒大浪的拍打與節奏，從小部分開始與它們和平相處。

我們一起討論，看看她可以怎麼靠近那似乎令人無法承受的一切，一些她多少可以掌控與做到的方法。就好像在海邊散步，走著走著也許會想進到海裡游泳卻不知水溫。在嘗試進入悲傷與焦慮的大海前，她可以先用腳趾頭試水溫。先在旁邊試試，不需要一下子整個人就栽進情緒的大海裡。如此一來，她就可以依照自己的速度，開始與此劇烈的哀慟互動。今天也許只互動個一兩秒，慢慢地下週增加到三十秒，以此類推。這麼一來，魯米的「大笑」對她而言就會轉換成一種「意願」，一種願意與來訪的恐懼、哀傷、內疚和平共處的具體方法與實踐。而不再是一味地逃開，因為如同她自己所說的，逃開閃避已經使她「沒什麼希望又無法平靜」了。

她安靜地聆聽，點點頭。大夥兒好有智慧地保持安靜，仔細聆聽當下。這其實是我們每一個人都需要的禮物，但我們卻經常因為自己的心靈麻木，或是一直想給對方自以為更好的建議忠告，反而給不出這個大家都最想要的禮物。

很快地，團體結束了。有些人有事先離開，許多人圍在法蘭絲的身旁聊聊，沒有人給忠告或建議，大多數人感謝她有勇氣提出大家心裡的問題。離開教室後，我跟法蘭絲在走道上簡單談了一下，她握著我的手說：「謝謝你！」我跟她說不用客氣，謝謝她這麼努力，也讓她知道如果有需要隨時可以打電話給我。她說：「好的。」然後我們同時說：「下週見。」

自我的重要性1：膨脹的力量

我在高速公路上開了四十五分鐘的車子，到了機場停好車後，坐接駁車直驅航廈。二十五分鐘後飛機將開往芝加哥。食物、飲料、雜誌一應俱全。登機，下機，燃料補給，又再登機，降落。中午時分抵達三藩市。二十五分鐘後我坐上出租汽車，加油，前往柏克萊。哇！整個過程都好順暢，人們笑臉迎人地提供服務。很快地，眼前的景致把我從東岸的灰濛濛，帶到陽光燦爛、綠蔭盎然的海灣山丘。所有這一切都讓我好開心，一股自我珍現（self-cherishing）的心情油然而生，感覺好像「他們」做這一切都是為了「我」。

我驅車向北，在三線道的一〇一公路上疾駛，一路行經新的建物，也經過尤加利樹。突然間，車速在幾秒鐘內從每小時一百公里驟降到零，該死的塞車！放眼所及全部都是車子。急停的後作用力，強烈又直接，活像背部遭到重擊。我整個人清醒了！我捧腹大笑、幾乎快要控制不住。很快地，完全沒預期的眼淚像洩洪般落下，把我帶入斷裂而震耳欲聾的寧靜之中。一切靜止下來，從過度興奮中解脫，好一個自我重要性的幻覺！

交通堵塞，偉大的均衡器，強迫我們所有人都靜止下來，讓駕駛者看到自己有多心不在焉，赤裸裸的真相。不論是外來者或當地人，開著舊車或新車，也不管大家的目標為何，那天，對我們每一個人，都一樣。

自我的重要性2：膨脹的漩渦

喬安妮星期五打電話來，跟我們的門診祕書諾瑪說，之前她住在一家地區醫院的精神科，最近她的醫師將她轉介來我們的門診。那位醫師寫了一封誠摯感人的信，希望我們能讓喬安妮參加正念課程。我安排下週一見她。

她先填問卷，一般大約只要十五分鐘，不過她填了四十分鐘還沒寫完。我在候客室遇到她時，顯得心灰意冷。倒不是因為問卷太困難，而是那問卷問了上個月至今的身心狀況。然而，這幾週她經歷了深刻轉變，如果依照這問卷填寫，將會誤導我們對她的認識。為了扳回這樣的局勢，她在空白處寫上各種解釋與最新狀況，希望多少能澄清，也消除我們對她過去與現在不一致的疑慮。

我們坐在候客室聊天，她的第一句話是：「我以為這會是跟人的晤談，聊聊我現在的狀況，也說一下這課程到底在做什麼。」我跟她說這確實是會談的目的，不過對我們而言，會談前若能先完成問卷會更好。之後我帶她到我的辦公室，開啟我們的會談。

她帶了一本筆記簿，讀裡面的內容給我聽，有關於她自己以及她為何要來減壓門診上課的想法和感覺。她確實想得很多很細，實際上是過度詳細了。我問她住在哪裡以及目前的居住狀況，她告訴我她所居住的城市與地址，也告訴我幫她報名好友所住的城市與詳細地址。

我們聊了她的住院經驗、當時是什麼樣的狀況需要住院，也聊聊她的現況。她的回覆依然極為細節繁瑣。我仔細聽她說，也討論她的情況，感覺已經過了好久好久。之後，她悠悠地說：「我來這裡是想要知道減壓門診的資訊，看看這門診到底在做什麼，也看看是否適合我。」她說完後，我發現自己非常火大，而且這火愈來愈大。我的注意力從她身上移開，轉向我自己。我愈來愈沒耐心，也愈來愈草率。突然間，我意識到，我已經被「自我重要性」給駕馭了。我感覺到我的時間被「浪費」了，我還有更多更重要的事情要做。換言之，我一點兒都不想在這裡為她講解課程細節，聽一個人在這裡隨意漫談，盡講些令人難以忍受的細瑣小事，更何況她可能也無法來上課。我已經被自己的想法給挾持了，你看得出來嗎？

隨著對這些感覺的辨識愈來愈清晰，我了解到這些感覺跟喬安妮幾乎一點兒關係都沒有，也跟這會談的長度無關，唯一有關的是我自己。我正在製造心中的大火，製造心中的不一致與對立。喬安妮很緊張，也很迂迴，卻非常真誠。她問我會不會講太多了，她說每當她一緊張就會變成這樣。我好想說「是」，但我沒有。她的問題突然使我清醒，對我有重大影響。她的問題幫助我停下來，開始真正地把喬安妮當成一個人，不論她是否來上課。因此，我開始能夠將自己擺在她的位置，領悟到如果我是她也會緊張，更進一步地，我了解到自己的態度只會讓她愈來愈焦慮。

奇怪的是，隨著我自己開始轉變，喬安妮也放下筆記，看著我說：「薩奇醫師，我一輩子都覺得自己的生命很像拼圖，但有好多片已經不見了。現在，我已經找到了失落的部分，也準備好要將這些圖拼回去，開創自己的人生。」我不禁也感覺一下自己失落的那幾片，也領受在我們的失落圖片背後，正是那潛藏的完整與統合。喬安妮當然也應該能夠擁有並接觸她自己圓滿完整的機會。我好震撼地發現，如果受限於自己的工作行程、我的期待、我對她的觀感，而無法瞥見她的真實樣貌（即使只是那麼一瞬間的瞥見），她就會被輕易地決定，被決定不適合來上正念課程。我好震撼地領悟，這些真實的瞥見，只會出現在彼此契合與連結的剎那。

後來喬安妮報名我週二晚上的課程，在課前與課後我們持續有些討論。有天晚上她向我走來，然後說：「我正在進步耶，我已經不會講那麼多了喔。」我們站在一起，會心微笑，我為她感到高興，也慶幸自己當時沒有太嚴肅，如果當時這麼做，將會是個重大錯誤！

尷尬盒

「人類免疫缺陷病毒（HIV）陽性，愛滋病確診」。我尷尬得想移開視線，不是出於自我防衛或尊敬對方，就只是單純的不舒服。這是昨天發生的事，安娜向我述說她的人生、她的孩子、孩子在家裡一些好笑的習慣、上法庭的狀況、州政府的監管、她對「復原」的掙扎、對所剩日子好好活著的渴望，以及她完全難以預料的未來。**對我們所有人而言，未來都是無法預知的，唯一可以確定的就是不確定，就是無常，這是我們與生俱來的權利。**安娜不帶遺憾與痛苦地了解，也傳遞了這樣的訊息。她來到我這裡，彷彿是老天爺派來的信差。她臉上泛著微笑，不大，就微微地，看起來她領悟到一些事情。現在，沒有要做什麼事，一切盡在那一抹微笑裡，就在允許我們自由分享的微笑裡。這再次提醒我，超越虛偽矯情與精心潤飾的互動，就只是單純、開放、自在地交流吧。

〔練習〕

專注於尷尬

尷尬，像是幾個包裹同時湧現。有一種尷尬盒裝的是，從我個人心坎裡浮現的自我意識，這指的是，我們發現眼前所顯現的事情，未符合自己心裡的標準，卻被揭露了。在這種情況下，尷尬的感覺可以成為實用的內在指南，引領我們進入更為覺察的形塑歷程，也引領我們更用心地過活。另一種更常出現的尷尬盒，是令人迷惑糊塗的自我意識，那是一種不如人、沒有別人完美的感覺。在人際互動中，第二種尷尬對於我們心中那股斷裂的孤立感，通常只會火上加油，因為我們會發現，要單純在別人面前做自己是多麼困難。當我跟安娜坐在一起時，有時候就抱著第二個尷尬盒。她幫助我放下。她全然赤裸而毫無掩飾的同在，令我相當震撼。一度我不太知道要如何跟她相處，好想立刻把她完全遮住，好讓自己的斗篷有位子可以放。之後我領悟到，原來我可以單純允許自己跟她同在，就以她現在的樣子。

關於第二個尷尬盒，以下有些提問很值得問問自己：

我感到尷尬的來源為何？

是什麼讓我無法在別人面前呈現自己？

我們到底都在尷尬些什麼啊？

在家的助人者 1

他們說，每一天無時無刻都有修行的機會，這機會以無數的樣貌呈現。然而，在生活之流中，確實有些特殊時刻，帶著過往所堆積的淤泥，把我們掃入自我存在的完整裡，把我們放到另一個新的支撐點。此時我們凝神冒汗，不再懷疑萬事萬物都是相互依存且相互滲透的本質，好個不折不扣的提示啊。這樣的機會是激烈的，深情地給出重擊，讓我們得以覺醒，領悟自身全然完整的真實樣貌。也提醒著一個事實：在人群的無盡潮浪中，我們每一個人都有個被精雕細琢的樣貌。

你有過這樣的經驗嗎？你做了令自己痛惡萬分的事情，簡直不敢相信自己做了這件事，發誓以後一定不再發生這樣的事？就在昨天晚上，我踏入這樣的時刻。在我意識到之前，已經逞一時口舌之快，說了些重傷我太太的話。我一整個嚇呆了。那些話是這麼的強烈直接又直白，完全不可能否認。沒有理由，沒有辯護的藉口，要再補說些什麼已經不可能了。我確實試過，完全沒用。今天早上，當我靜靜坐著時，昨晚事件的強勁力道湧現心頭。在抱歉與內疚的背後，這也是事實，我可以懸著、懸在胸中，在這裡升起一股溫和柔軟，它的出現與原始行為的粗暴堅硬同樣令我吃驚。

有些東西已經瞬間斷裂了，正確地說，是一種把氣放掉的感覺。這是什麼呢？這是有關於從以前到現在，我對自己是什麼樣的人的認定，原本自以為高尚的，已經被削平縮減了。心中相當懊悔自責，然而更具體瀰漫的，是一種本質上的匱乏。我不再與「那些」人有所不同，那些不論如何我都不想成為的樣子，對我而言，這兩類人的心智品質是不一樣的。老實說，這對我是一大解放，因為長久以來我一直希望自己比他人優秀，覺得自己是特別的或不同於其他人。

我懷疑，在把這個特殊經驗寫下來時，會不會其實正在從更隱微的層面，再次維護了我所謂的特殊性。這很難講，然而，當我仔細聆聽心底冒出來的反應時，某些素樸真實的感覺浮現於字裡行間。在我裡面似乎有位智者，他看清一切，耐性地旁邊等待。現在，他對我微笑，笑裡蘊含了簡直令人受不了的愛。那沐浴在陽光下的英雄，經常走在自己前面、把自己跟別人分開的英雄，終於坐下來了。他感到平靜自在，寧靜地看著過往的自己，片刻著迷於曾經反射自她臉龐上的光芒。就在數個眨眼間，我發現自己連結到好戰分子、虐待者——所有被投射的「他者」——他們的受害者，從我而出也被我接下的重擊。再次地，我看到，自己不是孤立的。從中升起溫柔，毋須二次答辯，我被邀請回到自己在家裡的位置。很痛，痛裡面蘊藏的禮物是：寧靜的喜悅，仁慈的甘願與和解。

站到圈子裡

我們在百廢待興中開展，卻以千百種方法拒絕重建。舒適圈誘惑著，我們總渴望像往常一樣，渴望心中所認定的樣子。長期滿足於這種期待，很快地，我們就會作繭自縛。我從自己的生活中領悟到這點。同時我也清楚經驗到，當站在赤裸直接的強光下，尤其是在升起自憐、憤怒、操控、欺騙、偽裝的無力時，那股想要迅速脫逃的企圖。

在療癒關係中，上述相同的歷程層出不窮。我們總是在另一個人出現時，被丟回我們自己。**承認我們在保護自己的事實，不是批判苛責，而是一個大門，引領我們有機會直視事實。**在提供服務的過程裡（尤其是服務強調「有效」時），如果我們不留意、心不在焉、盲目地保護、固著在陳腐裡，那麼，再好的服務都很容易變得疏離，即使接受我們服務的人完全沒發現。以下就是一個好例子。

在減壓門診裡，我們有專業的實習課程。很多年前有位遠道而來的人，特別重新安排生活以空出三個月，為的就是想獲得第一手的體驗，體驗他在書上讀到的與聽別人所說的正念。就像其他人一樣，關於練習正念的意涵以及如何教導正念減壓，他都有自己的想法與解讀。上了幾週的課之後，有次在團體討論時，他對我說：「你是個演員，一個娛樂大家讓大家開心的人。你只是在講述正念，而當班上有狀況出現時，你其實不常正念地跟他人一起工作。你講的故事妨礙了你跟人們單純地同在。」當時我聽得非常生氣，感覺被嚴重冒犯也充滿防衛。我不同意他的說法，覺得他的批評既不成熟也不正確。我跟同仁討論他的言論，赫然發現，他已經讓大家都覺得這是我們的共同缺點。這使我更容易判斷他的批評只是他的誤判。但，這一切還沒結束。

幾個月過去了，他說的話開始在我心底發酵，終於滲入我的皮膚，也進入我的耳朵裡。他的評論雖然不盡正確也毫無預期，卻不失一針見血，在我堅硬的盔甲上輕輕敲著。彷彿玻璃窗上一個毫不起眼的裂縫，隨著時間經過，裂痕開始擴散。我所說的故事真的會妨礙彼此間更密切的交會嗎？在我裡面的那個演員，真的只是把我自己放在受人矚目的舞台中央而迴避真實當下嗎？為了要弄清楚，我決定下一班完全不講任何故事。最後我實驗了兩個班。

很快地，我發現故事本身不是問題。真正的問題，也是他評論中最正確的地方，就是有時候故事會帶出兩個意料之外的狀況。首先，故事是有生命的，因此有時候確實會把我們帶離這個當下而進入另一個世界，無形中就會在我與學員之間製造出隱微的隔閡。妙的是，通常這些時刻是令人開心的，也是沒有穿戴面具的。其次，也是最重要的，我開始辨識出在我裡面的瞬間細微變化。原來，在某些時刻，我的心會有細微的震顫，此時，我就會慣性地把故事帶到心頭。這些時刻通常都是我不知道或無法回答時，有一種當下被剝光到連下一刻都難熬的感覺，我確實已經不想再跟對方磨蹭了，就把故事搬出來。

這種想走開的深層欲望，幾乎剝奪了我們的人生。如果願意專注停留於悸動之中，將會帶來很大的領悟。這並不表示我們不應該講故事或運用隱喻來鼓舞或促進治療，也不表示我們不能善用自己的知識或採取行動。但話又說回來，在關係中最有效的療癒，不論是長期或短期，經常都是浮現於我們能夠好好地同在、好好地跟當下人事物的真實樣貌同在。這是一輩子都會重複出現的課題，也是無止境的學習。

療癒總是要求我們站到圈內，而不是任由一心向前或滿腦子想做點什麼的思緒，妨礙了安住於同在的時刻。站進去同在的圈內，然後等著，正確的行動通常就會自動顯現。每一件事情都會變得更清晰，不論是我們自己、他人或整個情勢，於是我們就可以看到當下一切的如實樣貌。

那支離破碎的是什麼？

人之生也柔弱，
其死也堅強。
萬物草木之生也柔脆，
其死也枯槁。
故堅強者死之徒，
柔弱者生之徒。
強大處下，
柔弱處上。

——老子《道德經》第七十六章[11]

我們都已經變得堅硬又自我保護，還能怎麼辦呢？我們被生活打得鼻青臉腫，卻缺乏深層訓練或文化涵養讓我們學習保持開放，在充滿阻力的生活中放鬆。我們把自己變成冷酷的鋼鐵人，行走在這世界，每一步都小心翼翼保護著自己，時時警惕，筋疲力竭，卻不敢張揚。對我們每個人而言，這種生活方式所付出的代價是難以衡量的。我們失去與世界的連結，日子成為我們所做的事情、所幹過的活兒，而未能好好享受生活，一想到這真是令人無限感傷。我們每一個人都明白，這就是我們所過的日子。

我們跟家人、朋友、工作夥伴一起生活，看起來靠得很近，心的距離卻相當遙遠。我們封閉於麻木之中，感到斷裂、孤立、堅硬如石、幾乎不再仰頭望月、不再感動於浩瀚蒼穹、不再自在地大笑，也不再無來由地哭泣。是的，我們確實還活著，過著自己的生活。我們走路、講話、瞥見秋天的落葉，但只有半顆心。大部分時間，我們都好像裹著一層薄紗，內在結霜，寒意由裡而外穿透肌膚，在人我之間升起，使我們感到蒼白陰鬱、了無生趣、與世隔絕。我們確實可以用這樣的態度過一輩子。這冷霜、這慘澹的堅硬，神祕狡猾又具吸引力。我們已經被訓練到可以用千百種方式進入此狀態，因為它似乎可以讓生活更容易、更可忍受，也更有安全感。

信不信，在心靈的領域中，這堅硬的背後，我們都渴望能穿透、融化、解凍、轉化。這是不折不扣變柔軟的歷程，卻無關乎消極悲觀、放棄認輸或百依百順。相反地，這是直接面對生活，如實地，全心全意地，堅定地活著。允許心靈伸展並為自己發聲，而這，正是你自己的聲音！長期隱藏於冰雪胸膛底下的聲音。在痛苦或歡愉的當下，依然存在與顫抖的聲音。

我們害怕這般的溫柔，以為這會削減我們的力量，弱化我們的分析思考能力，降低迅速冷靜的行動能力。也許，我們不想要顯得脆弱、不專業或軟趴趴。然而，這裡所說的完全不是那麼一回事。清晰的思考力不會受損，愛不會受損，唯一會漸漸裂開且愈來愈開放的，就是抑制愛自由流動的個人自我認同感。也就是我們所謂的自我，這自我也相對地製造出他人。擁有自我不是問題，在這持續開展的範圍裡，我們每個人當然都有自己獨特的一面。唯一的問題是，在我們的想像裡，「我的」自我是獨立又孤立的，而且與所有其他人都是分開的。

要消融此分離孤立感確實不易，這是一輩子的工作，需要對自己有耐心和愛心，也要能跟自己妥協、信任友誼、堅持，深入感受自己硬梆梆的層面，也感受生活中的光與熱。此外，更需要有方法，一種能夠涵容全面的方法，涵容堅硬與柔軟、孤立與親密，還有它們彼此之間交互作用。這樣的方法蘊藏於非評價、覺察、平等、平靜與慈悲的明鏡中。

譯注：

11.「譯文：人活著時身體是柔軟的，而死亡後身體反而是堅硬的；草木萬物活著時也是柔軟的，而死亡後卻是枯槁僵硬的。由此看來，堅持己見，個性剛強的人往往屬於『死亡之徒』。柔和溫潤的人才是『生存之徒』。強大者居於下風劣勢，柔弱者卻可以處在上風優勢。」本譯文由林安梧教授所譯。

面對正在受苦的人，真正地跟他們同在，是練習以上所述的大好時機。如果我們願意，這些時刻，其實正映照著我們生活中不想要或不想顯露的部分。不久前，我為醫學院一年級的學生上課，討論第一次進行大體解剖的體驗，那是第一學期的期中，他們剛上完醫學人文課程。醫學人文的課程透過動畫媒材與自繪幻燈片，來投射他們對解剖屍體的感受。

最暢所欲言的同學們認為，醫學人文的上課時間真是有夠離譜。他們說自己已經花了八週的時間，好讓自己在面對大體解剖時有足夠的堅強，不會被情緒給淹沒，當然希望這樣的堅強可以支撐到解剖課程結束。他們很生氣，也感到心煩意亂，因為這課程竟然出現在學期中，根本是增加他們的情緒負荷。他們的核心論述可濃縮成以下三句話：「如果要處理這所有的情緒，我怎麼還有辦法進行分析性的思考？」、「面對眼前這具屍體，他曾經是個活生生的人耶，當然會有很多情緒！如果我必須處理這些澎湃的情緒，怎麼好好學習解剖的技術與細節呢？」、「這類情緒只會削弱我的思考與學習能力。」

另一群話比較少的同學不贊同前者的看法，他們認為醫學人文課程出現的時間點完全正確。我詢問他們在實習輔導課程中的狀況，了解他們第一次真正接觸病人的體驗。我想直接進入課堂與臨床之間的缺口，聽聽他們的故事，特別是第一次的臨床經驗。因為就在這裡，分析性思考與情緒交會，學生們直接與活生生的病人面對面交會。有個男同學說：「我一向認為醫師不可以在病人面前哭，所以我好訝異看到我的實習老師哭了。當時她擁抱著家屬與小孩，這孩子原本是她照顧的，但現在被迫要去一個新的健康維護機構。」在這過程中，我深受這些對話所吸引，雖然同時感到悶悶的。就在這堂課結束之際，坐在我旁邊的女同學大聲地說：「切掉吧！只不過是另一個部分！等我全部學完後，再來好好感覺！」

下課了，沒有任何具體結論。心被攪動著，沒有安全感。這屍體被精準無誤的外科技術給開腸剖肚。我留在教室裡好長一段時間，想著……想著誰解剖了誰。想著教育。想著他們未來的病人。想著他們覺得快被掩沒的感覺。想著他們。想著好大的文化裂縫，介乎頭腦與心靈之間，介乎科學與醫學人文之間。想最多的是，到底是什麼，使我們總是不斷地想像，想像我們不夠寬闊、不夠堅實、不夠有彈性、不夠完整，以至於無法承接這一切。

簡言之，在我們裡面自己都覺得是分離孤立的。好像有一個自我必須被保護，冰冷而堅硬。我們直接進入這堅硬的鋒刃處，沒有時間也沒有方法來好好探究這個需要保護的「我」。這個「我」想像情緒會削弱清晰的思考能力，這個「我」非常害怕模稜兩可、不確定，以及鑲嵌在活著與照顧裡的混亂。這既非不舒服也不是病（dis-ease），特別是對受訓中的醫生而言。這是我們的集體抑鬱，因著忽略生命的圓滿完整所衍生的症狀，因著努力把自己置於安全、單薄、無生趣的監牢裡而衍生的抑鬱。這才是支離破碎的，其實也是我們允許它支離破碎。然而，也就在這裡，我們緩慢地消融狹隘的自我認同，開啟了自身圓滿完整的復原之旅。

冰霜自有其位。當池塘從冬季溶化後，池中萬物將重獲自由。清晨微風吹拂著池面，昆蟲逕入水中優游、築穴、覓食，也成為其他生物的食物。植物茂盛繁榮，水鳥與水獺在這裡輕盈自在地玩耍。池水溢過池塘周圍的土地，流入周圍的田埂，在柔軟易曲亦流動流暢的水中，映現著這個世界。

同樣地，鮮美的湯來自於各別食材的相互混合，進而釋放出新的氣味與味道。紅蘿蔔、豆子、牛肉都沒有遺失掉，我們依然能辨識它們，能吃出各別的味道。然而，所有食材軟化後，都釋放了新的可能。在這過程裡，每一種食材都分享了自己獨特的風味給彼此。當我們食用這混合物時，它們的生命成為我們的生命。生命以此形式獲得延續與完成，豐富得無法衡量。

支離破碎，不會擊倒我們，反而像各別分開的食材，我們緩慢地消融，進入自己生命的鍋子，文火燉煮，直到軟化。藉此，我們得以了解自己，允許自己與恐懼同行，領受被喚醒的溫柔，更全然完整地生活在這世上，卻沒有那麼多的保護。如果，我們允許這一切發生，身上的重擔將會減輕，安適幸福由衷而生。我們將更樂於對這世界有所貢獻，因為，我們發現自己可以保持心靈的開放與投入。

PART 4
那就是亮光進入你的地方

神的喜樂從無記號的盒子，移至另一個無記號的盒子
從細胞到細胞。猶如雨水，降至花壇。
猶如玫瑰，從地而起。
現在，它看似一道豐盛的佳肴，
現在，懸崖被葡萄樹給覆蓋著，
現在，馬兒裝上了馬鞍。牠躲藏在這些裡面，
直到有一天牠撞開了這一切。

魯米
——〈無記號的盒子〉（*Unmarked Boxes*）——

廢墟中發現的亮光

世無一物可稱整體
若其未曾分裂12

——葉慈（W. B. Yeats）〈瘋女簡與主教對談〉（*Crazy Jane Talks with the Bishop*）

難道你未曾感到心碎或支離破碎嗎？不管是女人或男人，誰能否認這無可避免的事實？即使如此，誰不希望自己依然是完整的人？那深不可測通常也令人擔心懼怕的事件，不請自來，毫無預警。摯愛者突逝、工作丟了，事件的力道刺穿了我們堅強的屏障，掀起內在的波濤，與我們自己的困境、衝突、痛苦共振共鳴。這些不速之客經常造訪，可能是一個永遠改變人生的疾病診斷，也可能是突如其來的傷害，這一切一再提醒我們人本身的脆弱與相互依存。

在這些時刻，強勁的力道將一向被我們視為完整的「我」，摔成千百個碎片。只留下破碎的生活與過去的回憶，多想回到從前、回到熟悉的過往；即使在內心深處我們都心知肚明，永遠回不去了。就在這時候，也許我們可以隱約感覺到，蘊藏在這破碎斷裂裡的開放和恩典彷若晚冬花園，在我們自己裡面蘊含了一個含苞待放的新生，孕育於同在的溫床之中。

我們每個人都經歷過類似的時刻，只是慣性的反應都是推開，否認它們的存在。我們經常被恐懼、麻痺、憤怒、混亂所征服，希望盡速離開這些令人不舒服的時刻。這是非常正常的，也是一種因應方式，完全可以理解。

身為助人專業工作者，我們經常在尋求我們協助者身上看到這個現象。這些人的生活已經破裂，永無止境的碎裂感常存心中，生活似乎變得支離破碎。這持續在我們面前展開的生命，一而再、再而三地要求我們停留在當下。然而，面對這麼多的苦惱，他們的、我們的，要怎麼停留在當下呢？有方法嗎？在這樣的時刻，我們可能會告誡自己要保持客觀與冷靜，也可能熱切地想要「修理」問題，或者把燙手山芋扔回去，也可能讓自己變得堅硬又麻木。除了這些，還有別的原則可以遵循以停留在當下嗎？

譯注：

12. 本譯文由尤克強教授譯。

我想要分享一個故事，關於如何在極度苦惱與痛苦中停留在當下。年輕時我在一個劇團待過。那是最後一次正式排演，當時我站在很高、很高的大木塊上，突然間一股排山倒海的恐懼直撲過來。我的劇團老師琳達．普特南（Linda Putnam），一位才華洋溢又具洞察力的女性，看到我的恐懼，跟我說：「薩奇，如果這感覺在星期五晚上公演時出現，就進去那感覺裡面，留在那裡，運用它，透過你的身體表現出來。首先，面對觀眾，大大地張開雙腿。如果這樣還不夠，就把兩隻手臂高舉過頭，露出胳肢窩。」

你可以在自己身上感覺到、碰觸到她所說的嗎？琳達啟發我們，即使身處恐懼都可以對恐懼開放，雖然這表面上好像是使自己更脆弱，也更坦露。她所說的，不單只是安於恐懼或與恐懼同在，更是消融隨著恐懼而來的孤立、防衛、麻痺與敵意。於是，這使我們有心力回應當下，而且是在數百人面前完成。她是對的！

當我們進行正念練習時，就已經開始領受自己的覺察與穩定能力，即使在混亂或不確定之中，或是面臨任何不預期的人事物。這是活著的必要技能，重要的訓練。每當我們坐下來、挺直腰、全然地開放，沒有無謂的緊繃，同在於這個呼吸、這個當下、這些想法、這個感覺，我們就正在實踐活在當下與覺察的能力。於是我們重新連結到自己最基本的本質，也就是連結到事件背後的真實，短暫心智活動背後的真實。毫無疑問，那晚在波士頓的公演讓我體會到，原來，恐懼是可以合作的。這跟滅除恐懼一點關係都沒有，也不是大聲堅定地宣稱我不害怕，反而是讓我們了解，藏身於恐懼之旁的正是我們天生的同在能力，不否認、不逃跑，也不被恐懼擊退。

公演那晚，恐懼的感覺再度來襲。在那些時刻，我允許自己進入並穿過那些感覺。一開始肚子空空的卻有明顯的灼熱感、嘴巴感覺溼溼的，體內細微變化著。之後我轉向觀眾，心臟跳得很快，這焦慮悸動的感覺，隨著開始劇中的對白動作逐漸散開，我順利進入下一刻。

當我們抱持著非評價的覺察安靜地坐著時，我們正允許自己穩穩地站著，更全然地流入當下的經驗，與當下的經驗同在。這是逐漸培養起來的能力。我們會開始看到每一件事情都是流動、短暫、生動且充滿活力的。我們開始用比較友善的態度對待自己，同時，對自己也看得比較清楚，於是我們會用相同的方式觀看與對待他人。自我與他人的疆界開始模糊。我們碰觸到同在本質中的完整性與破碎性，較少的費力掙扎，更多的自主自決，允許自己更全然地與一切同在，如其所是的一切。

這不是說我們要用「呼吸」或「靜坐」來趕走麻煩事。靜觀不是用來創造神奇的思考，也不是一種更巧妙的迴避或否認方法，更不是讓我們對眼前所呈現的一切盲目。靜觀是兩股力量的平衡：保持覺察的投入與意向，願意誠實地與自己和他人互動。這麼一來，正念就是有療癒力的。

練習正念（也是同步練習仁慈）是生氣勃勃且精進不懈的。起初我們的心可能被遮蔽了，慢慢透過我們的同在能力（而且是不操控、不奮力追求、不評價的同在），障蔽便漸漸被掀開了。不論當下的身體與心理狀況為何，正念練習使我們身心和諧，一種緩慢成長的喜樂與圓滿將油然而生。

身為助人專業者，經常會被表面現象給蒙蔽，被矗立在我們眼前這個人的表面廢墟所蒙蔽。於是各種想法或感覺如瀑布瀉下，也許被無力感攫走，也可能被種種想法所驅使，「我現在該怎麼辦？」、「沒有辦法了啊！」……在正念的練習裡，如果我們開始對這些時刻抱持開放的態度，也許還是很痛，但我們將發現，此時會有一股很強大的欲望想要逃跑，想要逃離自我。正念練習要求我們輕輕地靠近真實狀況，藉此逐漸終止躲避自我的遊戲，終止大量放棄自主權的慣性，即使在這過程中我們企圖呈現自己是完整、有能力又有愛心的。在忙碌的一天中，每當我們刻意慢下來或停下來，不論是獨自一人或與他人共處，都是很好的舉動，因為這可以再次提醒我們本來就具有各種能力：同在、放下、如其所是地對未知開放、領受生活中的喜樂。

當我們如此對待自己，我們與他人同在的能力亦將隨之提升。這不是要做些什麼事情才能獲得的能力，反而是一種需要被提醒而直接落實的能力。在此開放空間與他人互動共處，將大幅提升各種可能。我們開始看到更廣闊的空間、清晰浮現的潛力，以及眼前各種不可思議的可能。同樣地，向我們尋求協助的人也會開始發現廢墟裡的亮光，那幾乎已被遺忘的生命之光，存在於身體疼痛、疾病與死亡幽靈的廢墟之中。於是人們開始覺醒，漸漸地不受環境征服、控制與監禁。

當這般的位移開始啟動，我們又被帶回到自己裡面。於是我們的種種假設、記憶以及對待自己和他人的方式，將進入一種覺察的狀態，較少被左思右想的思緒所主宰，而關於我是誰以及什麼是可能的將會再次動搖。這是互惠的奇蹟，一種相互轉化的歷程，深層的喜悅！

雖然風
在這裡肆虐，
月光依然灑下
在這被毀房屋的
屋頂厚板之間。

——和泉式部（Izumi Shikibu）〈墨黑的月亮〉（*The Ink Dark Moon*）

合議修行團

我第一次在家裡自己烤出一條麵包是在一九六八年，那麵包扎實得跟磚頭一樣，幾乎不能下嚥。但這次經驗卻深深吸引著我，之後我在好幾家麵包店打工過。每當我面臨人生的重大改變與轉化之際，就會回到廚房去烤麵包。烘焙的好壞取決於過程中的溫度、溼度、搓揉的工夫與小心翼翼的程度。水槽、鍋子、平底鍋、工作檯、器皿等，都需要時時注意；也得時時留心攪拌鍋、發酵的麵團、磨麥機。烘焙是反覆又精準的過程。時間點很重要，對時間的控制除了時鐘之外，更多是來自於直接觀察、感覺、嗅聞麵團的實際狀況。

對我而言，烘焙工作既謙卑又自由。謙卑，因為即使是最微小的粗心，都可能導致麵包走樣，太甜或不夠甜都會使酥皮麵團太硬而把美好的食物給搞砸。每當回到熾熱的烤箱前，我放下了廣受好評的醫學專業工作，穿著圍裙來到揮汗如雨的世界，前臂與指尖再次感受日復一日的熱氣。在這裡，我與先前熟悉的淨白專業世界交會。每一次的轉折點，都把我帶向深刻的提升，減少了不安定感。烘焙總是引領我進入光影世界，在此同時，也讓我有足夠的空間運用生活裡的生鮮素材。

在烘焙裡，不論對內或對外，我單純直接用手就可以完成工作，這讓我感到好自由。從某個角度看，你可以說我一直在學習成為一個烘焙師傅。另一個也算正確的角度，就是我其實也一直被烘焙著。停留在一定的熱度與溫度中，把我自己交託給神祕的轉化歷程，也在這過程中被轉化著，從生的麵團，被烘焙成營養的麵包。

過去這些年來，我做過麵包店的各種工作，從磨麥、攪拌、製作，到包裝、銷售，每個階段我都學過。有些部分我很在行，有些還是超出我的能力，需要他人的協助與專業。一方面完成自己的工作，另一方面與他人並肩合作，這樣的歷程是最具啟發性與轉化意義的。從表面看，烤出麵包是最顯著、也是非常容易理解的努力目標。然而，一起工作最大的影響，就是我們對彼此都將產生轉化作用。因著練習與共同意向，我們從獨立工作的個體，位移至擁有具體目標和共享願景的夥伴關係。這可不是簡單的工作，因為人與人之間很容易產生摩擦。烘焙是一項考驗，內在有熱氣、有壓力、需要控制好又能涵容變化；外部同樣也有熱氣、有壓力、需要控制好又能涵容變化。在神話或童話故事中，這般熾熱又涵容的空間，經常與「廚房工作」有關。

在減壓門診中，我們每週都有教師會議。每位老師都必須單獨面對教學現場的各種狀況，也許會感到害怕、無力、沒安全感或模稜兩可。然而，透過願意去了解、共同面對這些議題，我們面對問題的能力大幅提升。因為大家會遇到的教學問題雷同，因此要跟這些問題同在並不會太難。在教室裡遇到的問題，也許出於我們能力不足，也可能出於我們無法直接面對這些議題。

教師會議正是我們一起進行這項任務的時間，我們挑戰、也支持彼此，有時意見相同，有時則完全相反。大部分時候我們會探詢得比較深入，透過增加我們看清與被看清的能力，消融個別無謂的孤立感與不安全感。藉由這個方式，當我們為他人伸出援手時，也會覺察到自己的重要性。這般同在的工作模式，我們稱為合議修行團（collegial sangha）。我們以此方式一起工作，對每位在減壓門診的人都相當重要，甚至對於更大的範圍——麻大正念中心，亦然。

猶如烘焙，正念練習需要個人的紀律與投入。每個人都不是獨立生活在孤島上，我們總是在關係之中。透過練習的媒介，我們跟他人一起工作，這可以是養分與靈感的重要泉源。把生活中所有想要與不想要的元素，都搓揉於正念的工作檯上，是很有意義的。而我們對此所做的努力，尤其是有同仁的參與和支持時，將會為我們的日常生活與工作帶來深層的轉化。

對於減壓門診的病人學員而言，在正念練習的脈絡下，大家共同形成一個團體以聚集個別努力，是很有益處的。事實上，這般工作與練習的聚合，對於助人專業工作者也相當重要。因為一不小心，我們持續成長的專業技能，很容易會變成監禁自己的牢籠。我們所有的人生經驗，也可能會塞滿我們自己的理論，或被自己的理論給過濾掉了，這也包括了正念練習。一旦發生這樣的狀況，我們將變得盲目，某個程度也會變得麻木不仁。也許，我們依然擁有令人讚譽的專業或自視甚高，然而，當我們愈來愈遠離蘊藏於靈魂中未被開發與未被注意到的區域時，我們也將遠離生命中的轉化能量，生活中的創造力與生氣蓬勃亦將逐漸消逝。

就像不喜歡疼痛，有時候我們真的很不喜歡學員、同事、朋友或家人的批評。然而，這些批評確實可以啟發我們，協助我們面對自己沒有覺察的地方。於是我們接受甚至邀請這些重要的洞見，因為這可以讓我們了解與重新擁有自我的各個層面，也讓我們保持誠實。在減壓門診中，我們視此為共享的責任。這不是上班族群體心理學，因為我們追求的不只是心理學式的洞見或洞察。我們希望實現投入的承諾，對彼此逐漸開展的生命有所裨益。我們參與彼此的班級，聆聽彼此的靜觀錄音，彼此鼓勵、交會、面質、評論與討論個人的強項與弱點。我們決定用這樣的態度一起工作，就是要削減我們心理學式的聰明伶俐，削減以所知來套用並解釋每一件事情的慣性。

最重要地，這種工作模式刻意讓我們遠離什麼東西都要確定的習慣，讓我們能自在地進入並安住於不知或未知的狀態。身為一個專家，卻又不知或不懂，似乎很矛盾。然而，這也是最真實的啊！

放下執著的重擔

關鍵就是讓自己清楚看到，也許你冀望你的日子能呈現某種樣貌，然而，愈是執著於這某個樣貌，就愈容易自我折磨。放下吧！允許自己開放且無防衛地與現在的生活墜入愛河，而不是未來的生活，就是你當下如其所是的生活，以及現在存在於生活裡的一切。

——我所帶領的工作坊學員分享

恐懼、無力、疼痛、憤怒、尷尬、哀傷、執著、內疚、不確定與模稜兩可，都是我們共同的經驗與天生的繼承，這些感覺本身都不是問題，都是情緒。情緒通常根源於心中深層的分離孤立感與形單影隻的自我感。既然如此，也許這些情緒的主要任務，就是把我們帶入一種根本的思量，還有把我們搞得筋疲力竭，因為我們一直想趕走這不舒服的感覺。

如果我們對自己夠誠實，會發現許多被我們認為是陰影、黑暗面或情緒折磨的狀態，都來自於自我執著。在廣闊無垠的心靈世界裡，這般的自我執著其實是不存在的。然而，幾乎我們每個人在醒著的時刻，都深受這類心智狀態所掌控。也許，領悟到在光芒四射的心靈中，孤立、防衛、區別，以及「自我」差異化的感覺都是沒有生命的，將是與這般強勢衝動有效合作的關鍵。

看到了嗎？我們一直執著於希望周圍的世界依照自己的期待，一直想要推開已經存在的事實，這些才是使我們抓狂的根源，也是自己與他人受苦的主要源頭。透過投入於讓自己不要那麼狡猾、少一點自我欺瞞的練習，我們開始體悟到，自我執著的堅硬外殼，體悟到分離孤立的感覺，體悟到一直渴望世界依我所願的感覺，這一切幾乎歪曲了我們所有的生活，形塑了我們大多數的關係，悄悄地以一種隱微又具破壞力的方式進行著。也許，好好了解受苦的根源，巧妙承接這根源，學習與其合作進而和平共處，而不只是一味地想要摧毀這根源，對我們會更加實際有用。

我有一位老師非常喜歡濕婆神。濕婆神是印度教的偉大聖人，脖子上經常繞著一條蛇。我的老師解釋說，明白自己的「敵人」是誰與在哪裡，總是比一無所知好。老師進一步解釋，濕婆神沒有要摧毀那條蛇與牠的致命能量，而是駕馭牠的野性與破壞的衝動。同樣地，他建議我們練習允許自我執著的那條「蛇」小口地咬我們，如此一來，我們才能了解這類傷口的源頭與位置，也才能逐漸形成抗體，對峙這根源於自我愛執的致命毒液。

我猜，我們每個人或多或少都可以回想起沒有自我保護或自我執著的時刻，即使只是很短的片段。也許是談戀愛的時候、悉心照顧一個受苦的人，或者我們看似「迷失」卻被帶入一種深層的連結與合一。在這些片刻裡，分離孤立與自我愛執的感覺被消融了，我們感到心滿意足、平和寧靜、能夠奉獻自己。

光描述上述概念也是好事，但是，我們還需要知道如何在日常生活中落實。覺察自己的慈愛之心，是補救執著的良方。心靈的溫柔與光芒，正是我們天生能夠珍視並關心他人的表徵，因為我們已經不再被孤立、孤獨又帶著盔甲的自我給限制與掌控。以下的練習步驟就是為了要滋養與培育我們的慈愛與溫暖，而不是口惠不實或聽天由命。你可以試著每天做做看。我不是專家，而是懷著同行旅人與學生的心情分享。

〔練習〕

培養慈心

1. 覺察防衛保護之心

下次當你感到受傷、悲慘或很想躲起來時，花一點點時間安住在此時的呼吸與胸部的感覺：那緊繃、收縮與硬梆梆的感覺。當你開始安住於這些感覺，留心有多少的溫和柔軟與通透感存在於這看似堅硬的內在。

2. 覺察溫暖之心

當你已經花了些時間，建立起你對呼吸的覺察後，回想一個你感到被愛與被照顧的情境。即使是很久以前的事也沒關係，讓自己好好領受被人深深關愛的感覺。安住在此溫暖的感覺，領受在這愛裡，心開始軟化。如果你沒有被人愛的經驗，也許你曾經對一隻寵物有這樣的感覺。給自己一些空間安住於這樣的過程。

3. 送出慈心祝福

當你透過領受到愛而更熟悉心靈生命時，便可以開始與他人分享這樣的感覺。讓你的心，從愛的儲藏所轉變為愛的傳遞者。在你的心眼、也在你的想法中，浮現一個你所關愛的人，讓你心中的愛流向她／他。不需要勉強，單只是領受這顆心本來就能自然地放入他人就夠了。隨著慈愛的感覺愈來愈加深擴大，也許你會發現你可以將慈心的祝福送給家人、親戚、朋友、病人、個案、所居住的城市、所服務的單位。留心觀察，也許隨著時間經過，你也能將慈心的祝福送給陌生人，甚至是你討厭的人或敵人。

這是一種練習的形式，我們終其一生都可以一再進行的練習。目的是帶領我們靠近自己那顆溫暖又充滿光芒的心，而不是要引起更多的罪惡感或自責，尤其是對於我們討厭或憤恨的人。當你可以辨識出這樣的感覺時，隨著時間的經過，你想要與之和平共處的意圖，本身就是你仁慈寬容覺察的一種反照。

4. 設身處地

覺得自己與他人不同又有距離，經常是我們看待這世界的主要方式。在這項練習中，讓我們試著站在別人的位置上設想。身為照顧者，我們貼近「病人」經驗的能力，本身就是豐沛的正念練習。這項練習運用觀想與思維，來培養自己領受相互連結的感覺。

當你跟一位病人或個案坐在一起，聽著他的病症或故事時，試試看，好像這件事情是發生在你身上，此時你會有什麼感覺？你的疾病會如何改變你的觀點，尤其是對於許多早已被你視為理所當然的事情，例如走路、開車、外出用餐？這會如何改變你的情緒強度，以及你對自我的感覺？當你持續專注地聆聽那正在描述給你的經驗時，留心你呼吸的品質與身體的感覺，留心你心中浮現的想法與情緒的變化。留心你的意圖與對此過程的投入，將如何改變你聆聽的方式、你所提出的問題、你感受他人之痛的能力、你逐漸開展的同理與慈愛。

特別留心你對「事實」所做的各種假設。也許你會發現，病人所知覺到的「事實」，可能跟醫師所知覺到的截然不同。對醫師與病人之間這種認知上未言明的差異，若能有清楚了解並逐漸拉近，將會開始位移療癒關係的整體脈絡。請記住，這是一項「練習」，可能是在你的醫學正規教育上都沒有碰過的課題。謹記這個前提，也許可以幫助你消融若干不舒服的感覺，尤其是你認為自己必須表現出某種樣子或要求自己做得完美的感覺。

5. 設身處地，一次只要一個

當你跟別人在一起時，不論是在門診的會面、在家與家人的互動，或是與朋友同在，透過覺察，你可以開始碰觸彼此間未言明的事實。故事內容的細節和變項也許會有差異，但在這些表面差異之下的根本層面，你與「他人」是沒有多大差別的。你可以看到嗎，在那些差異的背後，我們共同分享著某個更大世界？如果你實實在在地停留這個共享的真實裡，會發生什麼呢？剛開始，允許這種感覺的存在與擴展可能挺嚇人的。一段時間後，這可能是喜樂的泉源，即使身處困頓之中。

當我們能夠不帶評論、盡可能地深層聆聽他人全部的話語，經常就可以把我們帶入這樣的領域。凝視對方的眼睛，與對方一起分享彼此的同在，通常就足以觸發並辨識出超越理論與概念的和諧融洽。

6. 看電視，讀報紙

二十年前，我曾在蒙大拿州遇到一個人，他說他每天都會看電視與閱報，因為這可永保他的慈愛之心。事實上，他本人對新聞本身沒有多大興趣，但他發現這兩個資料豐富的傳媒是培養對他人關心與連結的好方法，不論是對人類、動物、陸地、海洋、森林、全世界各個國家。他說他會坐在客廳裡，觀看或閱讀世界各地的殘暴事件，領受心痛的感覺，領受很想走開的衝動。之後，他會感覺到與所有一切生靈的連結，他會送出溫暖慈愛的祝福給任何一位他在電視或報上看到的人。他是一位年近六十的普通上班族，皮帶上有大大的扣環、細長的領帶、牛仔帽與牛仔靴。他講話的時候一點兒都沒有吹牛、假仙或傳道的味道。

他願意允許自己深深地感受與感動，並對每天的局勢保持開放，這位先生運用現代「荒原」來創造綠洲。我們碰面不到一個小時，之後再也沒見過面，但我卻永遠記得他說的話。教導是不受時間限制的。

7. 坐在光芒四射的心靈之內

我猜，你已經注意到你可以確實「坐在」心靈之內，即使是與他人產生關聯時。也許你開始發現到心靈自有一套感覺模式，使你得以超越表面的現象與波動。這顆心，既是愛的儲藏所，也是愛的傳遞者，我們正在學習培育與運用這兩個看不到卻感覺得到的面向。

你可以確實地與他人同在，同時有意識地傳遞你心中無言的關懷與慈愛。某些靜觀傳統在進行這股慈愛練習時，會觀想綠光或金光籠罩。採用觀想法或是直接從心中發送慈愛祝福給他人，都可以，兩者沒什麼差別。因此，實在沒有必要說長道短，試圖操弄、試圖「療癒」或改變對方。能被感動又能在此狀態下安靜有覺察地回應，就已經足夠了。

第六週

「彈性優勢」，這是學員對於新發現自我的描述，他們說：「面對不斷重複出現的情況，我嘗試用新的同在方式與新的回應方式，還真的有效耶！」在沒有任何鼓勵下，學員開放地分享關於自己「一層一層的硬殼逐漸消融」、「更回歸自我」、在刻意努力下可以感受到自己的「脆弱」、更有覺察並「徜徉於生活起伏」的能力。

課程一開始我們先靜坐五分鐘，之後練習立式瑜伽三十分鐘。在練習瑜伽時，我們進行到一個動作，緩慢、持續、重複移動，在某個點我說了「這姿勢永遠不會完成」，然後繼續……之後在分享時，丹妮絲說：「這個永遠不會完成真令人洩氣，這對我是很大的挑戰啊。我就是要把事情做完、完成。但我了解自己很多壓力就是來自於這個要求，總是緊緊催促著，把事情做完、清空、完成。但沒有這麼多時間啊。」

瑜伽是很好的教學工具，可以充分呈現生活的縮影：我們如何運用優勢、如何好好進入身體的限制所在、如何既溫和又堅持地對待限制區域，這些都頗有挑戰性。此外，對瑜伽練習的體驗，也能讓我們領悟到包含於自身的更大範疇，而不只是身體的伸展。大家一步一步探索，品味自己的嘗試、發現與成就。這些就是學員所說與所體驗到的彈性優勢。瑜伽結束後，我們進入三十分鐘的靜坐。不看窗外、沒有指導語，就單純地「坐著」。

過去的兩週，我特別要求大家多觀察與體驗：那些在日常生活中，很想推開或逃跑的時刻，以及緊抓著不放的時刻。這項作業是來自於第四堂課的討論。我清楚地告訴大家，不是我說了就算，大家必須自己在日常生活中試試看，從自己的經驗來驗證。

靜坐結束後，一位男士分享，不論是對人、對事或對內在狀態，他觀察到自己何時會想推開、何時會想抓緊的練習，那當下的透明度讓他相當「震撼」。許多學員點頭贊同。這「震撼」吸引了大家的注意力，讓大家更踴躍地討論練習的狀況。有些人說，在面對慣性的反應模式，他們已經開始嘗試「停下來」，好好看清楚正在發生的事情，學習更仔細地觀察，然後選擇，在某些情況下甚至可以選擇不同的回應方式。有人則說自己面對事情的方式沒什麼改變。大夥兒清晰地看到練習狀況並非平均一致，這過程本身大量涉及遺忘與想起——覺察的間隔，這過程也需要大量地面對長期、不喜歡卻又很熟悉的慣性，這些慣性通常在我們還沒意識到之前就跑出來了。

顯然大家都相當投入，讓自己從長期根深柢固的制約中覺醒。有些人對於症狀的減輕以及生活品質的提升顯得極為興奮。有些人在跟同學的比較中，發現自己沒什麼「進步」而深感挫敗。

我提醒他們兩件事情。首先，數十年來，我們都沒做過這樣的練習，這正是為何我們需要「練習」；其次，我跟大家一樣，都在持續學習，持續在自己身上用功。我注意到他們原本的孤立感或挫敗感正在融化，融入我們共同的經驗裡。原本感覺到的自我孤寂，因著領悟到彼此的共享世界而正緩慢蒸發。

有人說到最近所發現的「引擎」（那股內在強烈的驅策衝動），原來是這麼顯著，先前卻完全沒有偵測到。現在他們可以巨細靡遺地看到這股衝動，因為他們覺察的視野已悄然延伸，也更加有彈性、柔軟與清晰。對於大家所說的，我實在深感訝異。不久前大多數人在討論到這些感覺時，還頗感洩氣或自覺無能。現在，他們變得更自在與自信。這不是容易的工作。他們說，現在不論遇到什麼狀況，都已經知道如何處理與自處了。五週以來，這是第一次，法蘭絲不再淚眼汪汪或坐立難安。現在的她坐得挺直平靜，能夠參與討論，時而面露笑容。

討論轉了個方向。吉恩對於過去多少歲月沒有覺察而悄然流逝，深感悲傷。他知道自己已經展開了生命的新頁，卻仍不禁「哀悼」過去那許多年。許多人深有同感。有人說：「我真希望二十年前就學到這個。」一位年輕媽媽說：「我的孩子應該在學校學這個。」

我們小部分、小部分地體驗「拿回生活的自主權」，把自己的手放在自己的生命船舵上，以新的方式駕駛自己的船。我們都在學習如何選擇，如同發展心理學家所說的「更高層次的回應」。

在日常生活中或深感困頓的時刻，我們都開始能夠辨識什麼是更具效能的選擇。每個人會採取的做法與發展都不一樣。然而，這一切從隱微的潛力逐漸成為事實，因為我們採取了一種將可能轉化為真實的方法。

每次上課我都隨身攜帶一個檔案夾，裡面有各種詩詞、語錄、故事、讀物。通常我不會預做準備，視情況而決定念誦哪一篇。今天，學員的反應與討論呼應了瑪麗·奧立佛的詩〈夏日〉。

我問大家要不要聽，大家說要。

誰創造了這世界？
誰創造了天鵝與黑熊？
誰創造了蚱蜢？
這隻蚱蜢，我指的是——
從草叢中跳出來的這隻
吃著我手中糖果的這隻
來回而非上下移動下巴的這隻——
正用巨大又複雜的眼睛到處張望的這隻。
現在，她舉起灰白的前臂徹底清洗自己的臉

現在，她啪地張開翅膀，然後飄走了。
我不清楚知道祈禱是什麼。
我知道如何專注、如何落下
落入草叢，如何跪在草地
如何無所事事又被祝福，如何蹓躂過這些草原，
這是我一直以來整天都在做的事情啊。
告訴我，我還需要做些什麼？
不是每一件事情最終都會消逝嗎，而且太快了？
告訴我，在這狂野又珍貴的一生，
你打算做什麼？

最後兩句既有吸引力又有穿透力。堅定地呼喚著我們每一個人，穿透肌膚，深及底層。大家坐在豐沛的寧靜裡，想著自己「狂野又珍貴的一生」，想著隨著學習專注而逐漸開展的各種可能。

下週就是一日靜觀了，今天的課程差不多已經結束。每個人都很好奇一日靜觀是什麼，我盡可能地說明清楚，也明白事實只能在直接的相會中被體驗與了解。在驚慌不安中，他們已經準備就緒了。我們每個人以自己的方式用功著。仔細看著被包紮之處的人們，也正發現照射進來的亮光。

療癒之路

一九七六年，我的蘇菲（Sufi）老師帶著獵鷹般冷峻嚴厲的眼神，深深地看著我，說道：「要成為療癒者，你必須願意承擔病人所罹患的疾病。」一瞬間，我感到自己好像全部繳械，毫不保留地被剝光光，但奇怪的是竟然還撐著；一切陷入寂靜，卻彷若銅鑼一聲巨響；我深受吸引，但也確信自己無法勝任。我們一起安靜坐了一陣子後，他微微把頭歪向左邊，好像要聆聽一個遠在天邊、近在眼前的聲音。他變得和藹可親，散發出某種深層溫柔的明白，轉身對我說：「這會淘汰掉我們百分之九十九的自己。」就在那個片刻，我知道，毫無疑問，他自己也是那比例之一。猶如所有的好老師，他護送我到門口，留給我自由，讓我自己決定是要往前走還是轉頭閃開。本質上，他正傳遞一個訊息：如果這是你的大道，這就是走上這條路的代價。有好長的一段時間，我在門口閒晃，一直沒踏入門內，直到有一天，一個再正常不過的時刻，我明白，不進去不行了；當時沒人逼我，卻也沒別的選擇。

在那時刻，他正邀請我進入這條大道的本然樣貌，讓我知道，走在這條大道上，不會有什麼特別浪漫的事情，也不是件容易的事，最重要的是，他的「工作」跟我一樣多。當時我點點頭，似乎已經懂了。也許是吧，在我自己裡面的某處。現在，二十五年後，我才開始了解他所說的。他當時毫無條件地提醒我：步上這條大道、從事這項工作、全然投入於療癒關係，意味著，「我」，那個自我想像中我的樣貌，將必須離去，亦將消失、感到迷惘，並接受各種挑戰，彷彿被徹底燉煮過。他的話語沒有給我太多空間，讓我得以依附在自己是個「療癒者」的身分，或是活在分離孤立的幻象中。過去這些年來，我想出了一大堆有創意的逃避方式、一大堆自我意識或自尊心，這些會暫時遮蔽、混淆真正該做的事。說實話，就像大部分的事情，這些基本上都無法令人滿足，不論是過去、現在或未來。於是，我持續為空虛不滿所苦。

然而，「你必須願意承擔病人所罹患的疾病」，這到底是什麼意思？對於我所服務的人，他們所經歷的心理疾病或情緒創傷，我實在沒太多經驗。漸漸地，我發現，對我而言，這裡的「承擔」原來是一種意願：面對一個正在受苦的人，除了本著醫師的天職照顧他們的血肉之軀，也願意進入對方裡面，與之真誠互動。有些人也許稱此為靈魂。它就在這裡，存在於各種狀況之外，超越各種現象，為全人類所共有共享。

在與他人的嚴峻困境相遇時，我感到心碎，相信你也是如此。有時候，就在這樣的時刻，「承擔」的感覺立即在心中浮現，這感覺裡沒有一丁點兒的思慮，直接來自於廣闊無垠的非想之心。

此時，沒有「要承擔」什麼，也沒人會「承擔」什麼。然而，就在這裡，清新芬芳四溢，分離孤立消失，同步升起的是怡人貼合之感與普世互通之情。世界停止了。領受每個當下的消逝。當這發生於正念減壓課堂時，即使多達三十人，我們每個人都會被一種親密感所籠罩。有時候全班無語，我們全被捲入此刻的神祕之中。在這些時刻，我們全都「承擔著彼此」。

這樣的時刻不久前又出現了。當時我正準備走進教室，教室附近外有位男士明顯在抓狂。我靜靜聽他說了一段時間，也知道其他人正等著上課。他告訴我胸部的症狀，雖然實在很想試試，但他不確定是否能夠完成這期課程。因為他工作職責的異動和目前面臨的家庭危機，他問我是否可以換到別班。一個簡單的「可以」，讓他整個人獲得釋放與支持。

他從走廊步入明亮又氣氛熱絡的教室，坐在門邊。我剛好瞄到坐在我後面一位聲音很尖、不時發出悲嘆的年輕女士。凱西的淚水如洪水奔流，我們所有人都可以感覺到她的痛苦與絕望。她向大家哭訴自己的哀傷、最私密與痛苦的症狀、她的恐懼、憤怒、痛苦、混亂、預後狀況，以及不斷覺得被身體與醫師背叛的感覺。我仔細聆聽，之後移動到她身旁，停了半晌，我問她是否可以將我的手放她肩上。她點點頭，緊緊握住我另外一隻手，身體顫抖著。一起，無言地，圍繞著關懷與善意，我們坐著，懸著。我近乎無聲地對她輕聲低語，也不避諱，但承接著，因為這自然流露與脆弱的完整正是人類的珍寶。

課後，參與課程的醫學院實習生（他們在課程中擔任參與者兼觀察者）會留下來討論課堂狀況。話題很快就進入今天所發生的意外。雖然學生對這一切有許多不同的觀點，但倒是例外又一致地對那低聲細語有意見。他們說：

「你為什麼要低聲細語？」

「我感到好無助。」

「我不知道可以做什麼。」

「那低語強化了我的無助感。」

「我感覺好孤單。」

「你跟她說了些什麼？」

長期習慣於語言式的支持和推論式的討論，這些實習生對於這般的鬆綁感到很不舒服。凱西的低聲話語言猶在耳，對我而言，沉默，是當時最合理的回應，也是對她自然流露的脆弱傷痛表達敬意的唯一方式。

〔練習〕

把自己跟別人交換

我二十七歲時，第一次從蘇菲教友身上學到「把自己跟別人交換」的練習。我跟它共處了好幾年，不過我是個緩慢的學習者。現在我五十九歲，剛剛開始品味到這練習的深刻意涵。我不知道這在蘇菲教團中叫什麼，不過藏傳佛教稱之為自他交換法（tonglen）[13]。這練習的核心前提很簡單，首先，練習對一般所認定的安全感產生極度恐怖的感覺。

1. 觸及活生生的真實痛苦，也觸及開放廣闊的心靈，這可以直接連結到萬物的心靈。
2. 把自己帶入所有不想要的一切之中。
3. 把你想要幫助者（或動物）的疼痛與痛苦，帶入心靈熔爐之中。
4. 對此人或情境送出慈心與關懷。
5. 將該祝福或感覺擴及所有一切生靈。

這項練習有多種複雜的形式，但本質上都是拿進痛苦、送出生趣與新生。

我們大部分的生活，都被想保護自己的快樂和安全給占據了。因此，我們的心已經發展過多追求快樂與逃避痛苦的方法。在減壓門診中，我們學習跟這個現象和平共處：一方面透過要求大家仔細且深入地觀察壓力的根源，另一方面也用心專注地觀察生活中有多少時間被揮霍在緊抓愉悅而推掉不悅。因著正念的練習，也因著大家很有意願想看看這是怎麼一回事，大部分人在進行這部分的覺察練習後，都會震驚於自己的發現：發現這無意識慣性反應區域竟然這麼大，也發現這種慣性反應如何持續地形塑我們的人生。

把自己跟別人交換是一種強而有力的方法，可以訓練心靈與心智的鬆綁，而不再緊

譯注：

13.「在藏文中，Tonglen 是由 gtong（給予）及 len（接受）這兩個字所組成。當修行者進行這種禪修時，會觀想將自己所有的一切都施捨給別人，而讓自己接受別人所不想要的一切」，本說明摘自：http://zh.wikipedia.org/wiki/%E8%87%AA%E4%BB%96%E4%BA%A4%E6%8F%9B%E6%B3%95。

抓著自我不放；也可以讓我們直接體會自己內在的能力，能夠用愈來愈有效益的方法來參與自己和他人，進而與自己及他人和平共處。欲進行這部分的探索，最好是從自己開始。不然，很容易落入一個陷阱，就是想像「每一個人」都需要幫忙，除了自己之外。臣服於生活的真實狀況，不是件簡單的事，從日常生活中做起，就是最好的開始，真心尊敬我們的真實樣貌與實際正在發生的事。如此一來，即使我們直接參與了受苦者的世界，我們跟自己還是有連結。

當我們願意用這樣的方式打開自己，不只會感覺到強烈的沉重或痛苦，亦將同時領受到清晰的寬敞與開闊。於是，我們將能以一顆較少被局限卻更溫和的心，來面對一切。當我們發現自己的廣闊，日子會輕鬆很多。不再需要頑強地執著、武裝或封閉自己，多年的執著慣性開始翻轉。不帶太多執著的學習，可以直接碰觸自己的痛苦與困頓，讓我們開始能夠給出自己。這個根本的方法，可以徹底改變一整個產生痛苦與孤立的機制。因為我們已經學過如何安於情緒困境，再透過鬆綁自己所有的固著僵化，解開想要緊抓保存的一切，於是，當送給別人我們的快樂、喜悅、輕鬆和富足時，這徹底改變的翻轉歷程就會持續。

1. 給予與承接

就從單純領受呼吸的韻律和節奏開始，將使你對呼吸的各種瞬間樣貌有更清晰的覺察。可以坐著或躺著，慢慢地允許這顆心，碰觸到你生活中某個困難或痛苦的狀況。現在，想像你的胸口好像有扇大門敞開著，進去裡面，取出你所有的痛苦折磨，可以想像所抽出的是一個沉重又煙霧瀰漫的物質。然後，在下一個吸氣時，觀想吸入你所有的痛苦。當你吐氣時，觀想這些痛苦在胸中的熔爐被燃燒殆盡，熊熊的光芒從你裡面放射出去。在你的心裡，接納所有不被接納的，允許這顆心經由天生的寬敞開放來回應一切；然後，用健康、喜悅、平安填滿你的心。

留心呼吸的循環，吸氣時把痛苦吸進來，吐氣時送出輕鬆寬慰。吸氣時把黑暗與沉重吸進來，吐氣時把光明放出去。猶如濕婆神飲入毒蛇液的故事，把不要的吸進來，呼出新鮮與光明。練習一段時間後，讓這取入與送出的過程不只是在胸部，而是用整個身體，吸氣時把不想要的一切帶入全身，吐氣時將輕鬆寬慰從全身送出。

2. 把自己跟別人交換

在練習過將自己的痛苦帶入一段時間後，你可以開始帶入別人的痛苦，以光明和生趣取代那痛苦。乘著吸入與吐出的氣流，配合各種不同階段的練習，將更能體現當下與過程。這練習完全沒要控制或操弄任何人或事，只是為你自己取走別人的痛苦。慢慢地建立起這樣的意圖：吸氣時，打從心裡接納他人的痛苦，也許是某人身體的痛苦、抑鬱或孤立感，雖然這感覺起來可能都是黑暗又煙霧瀰漫；然後刻意地緩和痛苦，將輕鬆寬慰帶給他人，吐氣時送出光芒、清澈的光、喜悅、平安或任何你覺得對他們最有幫助的一切。

3. 含入所有生靈

如同我們已經做過自己和特定他人的練習，我們可以將自己對輕鬆快樂的渴望，送給所有生靈。這裡的重點，就是好好深入碰觸我們自己的體驗，直到這些體驗成為自己和世界連結的橋梁。畢竟，所有人都知道，那種浪費生命於盛怒、渴求、悲傷或艱困的感覺。對自己的困頓有更多覺察不會導致自戀，但將更容易與他人的情況連結，終而與所有的生靈連結，天下一家親。

在練習把自己跟別人交換時，允許你自己對輕鬆寬慰的渴望，含入任何一個也有相同渴望的人。也許，對你而言，這好像聽來很不錯卻愚不可行。然而，給自己一些空間，拓展內心想要給予所有生靈自在與快樂的意圖。這將可以逐漸毀損整個機制，那種對自己和他人想要征服戰勝的機制。雖然那局限的自我不太了解如何連結到這個領域，但你可能會發現那僵化堅硬的邊界正在融化。

你也許永遠看不到他人有任何明顯放鬆的樣子，這不是重點。這項練習唯一的目的，是重塑一路被制約的人生，重塑與我們自己、與世界一脈相承且跨世代的連結。這實際上是去除惡習、捨棄想法、忘掉已學過知識的方法，一種持續發展的自我再教育，逐漸轉化我們的心智與心靈，創造慈愛／慈悲行為的基礎。

誓言與謙卑

璐西兒在今天的課堂中向自己、也向大家宣布，這週她都沒有生氣。第一次，她沉靜平穩地坐在地板上，穿著亮麗花朵的衣服，眼睛睜得大大的，她自己亦頗感驚訝。環視全班後，她說：「就我印象所及，這是我一生中唯一沒有生氣的一個星期喔。我重新獲得希望，好大的禮物啊！」短暫的安靜後，她接著說：「這減壓課程可真要我的命，這是我活到現在做過最困難的事情啦！」

沒有人送給璐西兒禮物，她是在自己裡面發現到的。我開玩笑地跟她說，儘管課程「要她的命」，但她現在看起來非常好耶。她停了一下，用一種堅定確信的語氣說：「這只是開始，眼前還有很長遠的路。」她是正確的。她用自己的方式承認自己已經立下一個誓言——日後將用不同的方式活著。

誓言：一個嚴肅莊重的承諾……對神或對聖人。

誓言：發誓……以進入一個宗教組織。

這兩個定義與我們一般對誓言這個詞的概念與用法吻合。我們在日常生活中所下的重大承諾，其實也都是誓言，例如眾所周知在婚禮中的誓言，我們承諾不論生活中的高低起伏，都會好好珍惜、支持、與對方相守。身為醫師者都需要發誓，不管是希波克拉底誓言或邁蒙尼德誓言（*Oath of Maimonides*），鄭重承諾尊重生命，不做有傷害的事。此外，神職人員或修道者也會發誓。但是，我們可曾想過，進入療癒關係其實也是一種發誓？**如果我們想要過有意義又有方向的生活，誓言的心態就很重要。保持正念，也是一種誓言。**

對於這般的服務，當我們說「我願意」時，其實是在說：「這是我的大道，實踐於日常生活之道，我將盡可能地關心世界，也關心自己，具體落實好好照顧自己就是好好照顧他人，而好好照顧他人就是好好照顧自己。」用這種方式生活，需要指導和方向、承諾和投入，也需要擴展同在的感覺，這超越了自身，超越了那緊緊包裹又狹隘的個體，也就是稱之為「我」的個體。聽來也許瘋狂，但或許我們就是不夠瘋狂、也不夠溫柔，才無法用這樣的方式過活。這麼做，一定會把自己剖開。如果我們自己都不願意開腸剖肚，其實是無法提供多少幫助的。

超越思維或客觀化地進入真實世界，這樣的機會隨時都在眼前。我們總是習慣將資訊與自我認同客觀化，並視此為唯一來源。當我們說了不該說的話而傷害別人時，不也使自己憂心煩惱？

我們的話語永遠不會只傷害一方。保持誠實坦率的意願與投入，我們才能超越看似短暫又孤立的人生。

這種立誓可一點兒都不浪漫，會標示出關心與照顧的領域，卻永遠不會到達頂端，而且時時都是新開始。這是辛苦的任務，總是同時包含了「是」與「不」，兩者是不可分的。「是」：關於何謂關心照顧，我們會有自己狹隘自限的範圍，但我們願意與它和平共處，進而漸漸超越它。「不」：我們決定好好過活，不受被制約的思維所局限，也不受各種社會文化的習慣所左右。雖然一般而言發誓經常都是在眾人圍繞下公開盛大地舉行，但這裡的立誓，卻是安靜且重大的決定，生活因此悄悄展開新的形塑歷程。不須多說，這樣的誓言將自己發聲。沒有立誓，就沒有方向，就這麼簡單。畢竟生活與心智中那全然醉人的慣性動能，經常在我們意識到之前，早就把我們席捲走了。

我們都需要穩定的堡壘，足以倚賴與提供支持的力量，就像穩定船身的龍骨，讓我們能夠在水中保持平衡，航行於不可臆測的汪洋大海。練習就是堡壘，在水平線下穩定的力量。如果你想，「喔，是的！這確實是個不錯的主意」，這樣是不夠的。你必須活出這個「是」。這是我們的工作，一點兒都不簡單。靜觀練習本身就是立誓的一種表現，也是一種培育並實踐此意圖的方法。每個時刻都在放下，每個時刻都在邁向超越孤立，每個時刻都在超越各種緊抓又破碎吵雜的想法（而且還誤以為這些想法就是我們存在的終極真實樣貌），這就是實踐誓言的表現。在蘇菲教派精密的語言中，認為我們每一個人在時間之前的永恆裡，就已經立下誓言：要在多元複雜的世界中活出自己，也要在生活中建構出合一與非分離孤立的存在。在療癒的領域中，蘇菲大師哈茲拉特．伊納亞特．汗（Hazrat Inayat Khan）稱此同在為「在療癒者心中的母性覺醒」，指出我們對世界的關心，就好像母親關心孩子的福祉，不求回報的照顧，什麼都不求，只希望能緩解孩子的痛苦。

這意味著我們想要看清每一件事情。事實上，所有我們與他人、情境、事件的交會，都是我們自己的生活。如此一來，好好照顧自己的生活，就是好好照顧這世界。這是練習的精髓，也是為何需要練習的原因。每當我們回到呼吸，每當我們願意對當下、對此人、對不舒服或不安全真正地開放，每當我們願意離開自己的慣性領域而進入包含這一切的廣闊無垠，此時，就是活出誓言的表現。

要永遠堅持遵守，是不可能的。

我總是在這點失敗，在此真理之前灰頭土臉。多大的恩典！若非如此，我就會超越最狂野的想像，成為狂熱的信徒或大騙子。謙卑，是甘願和諧的藝術。在誠實與承認裡，沒有黑暗的羞愧，卻有認可和自我寬恕。這不是要我們留在低頭或挫敗的狀態，而是在誓言與謙卑中，擁抱並涵容這些時刻。這讓我們能夠再度開始。正念練習讓我們持續單純地在這世界上從事適合自己的工作，在這裡我們該做的事情將自然呈現。這是一個方法，如何與不可能一起工作，溫柔地、非戲劇性地，沒有肩負不起的無情重擔。

這是一輩子的禮物。我相信筋疲力竭的感覺，很多時候是跟我們想要幫得上忙有關，也與我們渴望某種特定、已知、控制良好的結果有關。這其實是不可能的，而且一定會產生某種成癮的慣性動能或向下沉淪的抑鬱寡歡。如果我們只用某些完全已知的方式生活，是注定不可能了解或讓事情發生的。就此而言，生命太難駕馭、太不受控制也太悲慨了。我們的任務，就是同在，養成這寧靜，然後於同在中行動。**我們需要發展出內在的立場與心境，好讓我們承擔自己在這世上的工作——持久而艱苦的活動。**

課程結束後，我有一年沒再看到璐西兒。某天她打電話給我，跟我說因為某些可能無法勝任的狀況（當初就是這狀況讓她來上課），她即將離開這個做了很久的工作。她詢問我是否願意寫一封信，補充說明她的醫療紀錄，陳述雖然她很想改變這個情況，但在整個課程中還是維持原樣。我們聊了她的狀況，對於她被迫離開熱愛的工作，我感到很難過。聊完後她覺得心情愉快，她的穩定力量回來了，沒有不切實際的期望、藉口、辯解，也不需要太多解釋。對於她無法開放地涵容這一切，我也沒有遺憾。她說這確實是個重大失落，她花了好多個月才能面對，並接受她的身體狀況對工作的影響，即使她多麼希望自己能夠勝任。

她說自己非常需要休息，也準備要休息一陣子。她計畫去接受職訓課程，以期日後有更多的工作機會。她想要慢慢地「從這裡開始出發」。她說在課堂中的體悟，以及課後持續投入練習，是幫助她走過這個難關的關鍵。我感到有點失望，好希望事情能有所不同——如果「我」當初多做了些什麼，也許這一切就不會發生了。她一定有感應到，因為她輕聲細語卻堅定地說：「薩奇，真的沒有關係。我正在過自己的人生，我體會到一種意義，而且正在運用課程所學。事實上，我能用這樣的方式處理，正是因為我去年的學習啊。」

沒有羞愧，沒有做作。璐西兒還給我，她說是我送給她的話。我記得她在課堂中的誓言，回應給她，沒想到也再次讓我回到自己的誓言。面對她的勇氣，我感到謙卑。

來啊、來啊，不論你在哪兒！
流浪漢、參拜者、即將分離的愛人。
沒關係的。
我們可不是絕望的

沙漠商隊。

來吧，
即使你已經
打破誓言
一千次了。
來吧，
再來一次，
來吧！

——魯米墓誌銘

臣服

另外還有一種無力感不是源於恐懼或消極，但強度與密度都很高。這種無力感裡面充滿了屈服退讓，我們深深明白沒有任何努力可以改變局勢。這般的無力感停滯一切，讓人感到非常悲哀、難以理解，甚至難以忍受。當我跟處於這般無力感的人相處時，經常可以感覺到想給對方一個長長無言的擁抱。然而如果我的恐懼或不安擺在我們之間，成為一種屏障時，我們兩個的距離就會感覺很遙遠。此時，如果我可以步出恐懼的藩籬，超越恐懼本身，就會產生一種心靈擁抱的感覺。在這擁抱裡不是說著「我了解」，而更像是「面對這個狀況，我的心也在痛。我不了解這是怎麼發生的，也不知道為何會發生。不過即使我們的狀況不同，但我明白，在我們的差異之後，這其實也是我的狀況。」

在這些時刻，渴望提供協助的感覺猶如旗幟飄揚風中。我們臣服於這與生俱來「想要幫助」的推動力，因此真正產生幫助之舉的，是這渴望的強度，而不是我們。追尋（實際上，是被追尋），並擁抱這渴望，我們需要能夠臣服。這是令人興奮的。良好的訓練，堅持不讓，還需要強壯的身體、開闊的胸襟，並有一股好奇的意願以允許自己不知不解。這般的無助或無力，其實是有幫助的。這是重新開始的歷程，讓人充分休息，也充滿慈悲恩典。這般的行動（doing）是在同在（being）之內。這工作是經由我們完成，而不是被我們完成。需要非常大的能力才能走出自己，全然不執著於自我，單純地跟對方同在。身為療癒藝術的僕人，這是我們的工作，一輩子的旅程。

是誰，想要提供協助？在我們裡面，是什麼想要提供服務，而且希望自己是有用的？我深信，在那疑惑的陰影之外，不是我選擇了這條路，而是這條路選擇了我。對你而言，這是否聽起來很古怪呢？閱讀至此，在你心裡會升起一股不安還是共鳴的感覺呢？不論是不安或共鳴，都不表示這條路會比較輕鬆簡單。在過去這些年來，我開始經驗到較少的「我」，較少的自大，較少的難堪，較少的浪漫，反而經驗到較多的自在、敬畏與生趣。

想幫助的推動力比謙卑還古老。我想，在過去要學習這個比較容易，也更像是生活的一部分。生活在部落中或是在三代／四代同堂的家庭裡，我們可以觀察、參與整個人生循環，我們需要看顧受傷者、年老者、瀕死者，這一切教導我們很多。照顧祖父或大伯是生活的一部分，在這照顧的過程中，人們會找到自己的定位——自己可以幫忙什麼、可以怎麼做、無法做什麼。當人們死亡或轉化時，服侍與照顧就停止了。有可能擁抱這個事實嗎？東想西想的心只會阻礙這般的非感（non-sense）[14]。我們都「被訓練」要提供幫忙，我一點兒都不否認這個重要性，這也是生命循環的一部分。然而，這樣的訓練幾乎無可避免地扭曲了我們的知覺，窄化了我們的視野，把我們一直驅使到行動模式。這樣的行動經常是必須的，卻總是不完整的。行為／行動必須和無為（non-doing）取得平衡，必須能夠安住於當下的真實樣貌，必須能夠了解最終我們沒要亦未能掌握或控制什麼。生命是脆弱的。沒有任何事情是保證的。我們只能盡己所能，然後歇息於生命的神祕之中。明白這點，不會讓我們落入譏諷或癱瘓，反而會讓我們體會到最根本的喜悅，因為這本身就是種解放，也是十足的真誠坦率。

如此控制的失去與掙扎的釋放，是有代價的。這對自我是很大的衝擊，尤其是長期以來自認為強而有力的自我、能控制的自我、與眾不同的自我。這會侵蝕我們的個體性、我們的傲慢自大，特別是在關於我們是誰、我們是什麼、我們能做什麼、我們知道什麼等層面。然而，如果我們能對這樣的狀態保持開放，人與人之間深層的連結將會油然浮現。這麼做一開始很難，甚至會有一種難以下嚥的感覺。之後，令人愉快的釋放隨之而來，猶如夏日午後徜徉於青青草地，就讓這地球撐托著你。

譯注：

14. non-sense 不是指「無感」，一般概念中的無感有放棄或麻木的意味。非感，指的是這無關乎感覺的寧靜同在。

天下莫柔弱於水，
而攻堅強者莫之能勝，
其無以易之。

弱之勝強，
柔之勝剛，
天下莫不知，
莫能行。

是以聖人云：
「受國之垢，
是謂社稷主；
受國不祥，
是謂天下王。」

正言若反。

——老子《道德經》第七十八章[15]

譯注：

15. 本段白話解釋：「天下間的東西沒有比起水還來得柔弱的，但要攻擊堅硬的東西，卻沒有比起水還能勝任的，任何東西都無法取代水啊！軟弱能勝過強硬，溫柔能勝過剛強；這道理天下人沒有不了解的，卻沒有人能好好去實踐它。正因如此，古聖先賢說：能為國家大事而蒙受汙垢的人，這就叫國家社稷之主；能為國家大事而擔負禍患的人，這才足以做為天下之王。以上所說乃是雅正之言，但看似相反爾！」。本段文字由林安梧教授撰。

然而，本書原著所引用的第三段，有關於《道德經》英文的譯文為："Therefore the Master remains serene in the midst of sorrow. Evil cannot enter his heart. Because he has given up helping, he is people's greatest help."。依照這段原文的翻譯將為：「因此，在憂傷悲痛中，大師依然維持安穩祥和。魔鬼無法進入他的內心。因為他已經放棄了幫忙，此時他反而成為人們最大的助益。」與中文古文似乎有些出入。

立足於開放空間

同事和我經常說到：「教學來自於練習。」然而，這句話到底是什麼意思？這個問題需要誠實與全面開放地探究。在這一章裡，我想跟你一起探索。先略述一下本章概要：首先，我要很主觀地跟你分享最近一次靜坐的狀態（請注意，這不是在靜坐中一定會發生或不會發生的狀態）；然後，我將談談與班上某位病人的會談；最後，我將試著把這些串聯成一個連貫的整體。以下是某次我靜坐的四個階段。

1

身體安頓下來。右腳膝蓋感覺僵硬，慢慢地，這感覺蒸發於熟悉的舒適與穩定之中。想法，好像被緊緊綁在一起的魚群，往上游，游入覺察裡。這顆心模糊不清。心裡有許多小局部的動盪，猶如河中漩渦，白色的水花，數個小急流。心正在掃描。念頭浮現，突然冒出來，一堆一堆的，快速移動，幾乎不連貫。沒有明顯的主題或節奏，好像白色的噪音，既不特別有趣，亦不特別擾人。這樣的狀態持續了好一陣子，直到寧靜終於緩慢地顯露。

2

看到感動深入胸膛——好實在的感覺；猶如大大的眼睛——胸膛開得大大的，我知道這就是心靈。這樣的看到是廣闊無垠的，魚群的緊綁鬆開了，更多的水，更開闊的大海。念頭比較少了，感動也緩和了，看得更清楚。這感動既有秩序卻也隨機，然而從心波浪的型態與質地看，似乎好像比較隨機；但從過程看，也從河流中這些波浪的呈現方式來看，秩序的線條就比較清晰了。每件事情都慢了下來。心靈之眼正毫無選擇地涵容所有的一切。空間很大。有多種強烈的情緒，彷彿又大又和緩的波浪，亦如更和緩、更強大的潮汐。

3

胸膛的寬闊持續擴展，更開放的空間。焦慮升起，最近好一段時間都沒有這樣的感覺。胸膛的界線一如它自身的寬闊，開始消融。那種坐在心靈之中的感覺正在消失，從一個局部、既定而熟悉的範圍，進入一個較為全景、沒有疆界的領域。面對這無疆界的寬闊，心猶豫著。這是焦慮的泉源，未言明的感覺是：「我」會變成什麼樣子？仔細看著，同時也領受這焦慮，以及隨之而來的想法，我注意到自己的手不由自主抽動了一下，腿也超想移動。這顆心驚愕地看著、來來回回、躊躇猶豫、持續收縮，一點兒都不想停留在這裡了。恐懼油然而生。還有足夠的穩定度可以憶起「同在」，與這些感覺建立連結，深深的連結。隨著轉向這些心的波動，焦慮加劇，一大片不舒服的感覺：念頭、感受、腸子肌肉緊繃。這恐懼是因為害怕迷失。隨著持續觀看、碰觸並穿透這堅硬，各種一大塊一大塊沉重的感覺漸漸消散。恐懼變成流動的，逐漸融解消失。

4

狗兒在吠，有人走上樓的聲音，馬桶正在沖水，現在都在「裡面」。實際上，沒有裡面，也沒有外面。焦慮的感覺又浮現，但已經不再那麼地強勢主控。許多暫時、瞬間的內心波動，其實也包含了恐懼的浮現，比如「好啦」、「夠了」，不太費力地飄過。總是這個樣子。寬闊的空間，彷彿結冰湖上的皎潔明月。

辛蒂在課前一個小時打電話給我，說她不能來上課。她的背很痛，來上課必須開很久的車，天色太暗，又是下雨天。今天課程從靜坐開始，四十五分鐘。當我睜開眼睛時，她坐在角落。我好驚訝，但也真開心見到她。

今晚，哀傷降臨教室，發生於課程進行到一半時。這其實很常見，通常會隨著看到而至，卻也很少是自願的，密集的練習會讓這情況更快發生。大家愈來愈直白且不假修飾地分享自己的狀況：盛怒、孤立、隔絕、憂鬱、恐懼、身體疼痛等感受逐一浮現。我們一起移入這般的動亂、這般生命的癒合瞬間。大家都很有意願，頗令我驚訝。我了解這自然的浮現源自於持續地專注，班上有人形容，這感覺活像是「第一次為生命接通電源」，有時像是強勁的電流，直接又熱切，有時則感覺如飛蛾撲火。

人們開始放鬆，不再像以前那麼容易拒絕生活。大家漸漸產生共鳴，每一個人的故事都會觸碰到有類似經驗的人。辛蒂開始啜泣，她說：「我活得好悲慘啊！我早上無法起床，根本不想起床。」大家越過教室望著彼此，一陣靜默降臨，猶如暴風雨前的寧靜，亦如生死降臨前的片刻寧靜：空的、開放的、含蓄的。

不久後，我問她：「介意我坐到妳旁邊嗎？」

「不會。」

我跟班上學員說，現在我將留點時間給辛蒂。然後走過教室，到她坐著的地方。她坐在一個捲起來的綠色瑜伽墊上，我坐在她旁邊，但沒有很靠近。要做或說些什麼，我沒有明確的想法。我對這樣的狀態很熟悉，此時需要的是開放，一種願意反映並允許每一件事情如其所是。這很困難。我被要求仔細聆聽辛蒂的經驗，卻也需要同時關照自己。我注意在我心底有些閃爍不定，快速瞬間的收縮，伴隨一些想法「現在該怎麼辦？」「現在要說什麼？」……不安全的漣漪升起，彷彿向下俯視深深的海溝裂縫，而這樣的裂縫剛剛從門口移入教室。今天晚上，我不會讓自己從這些直覺慣性的反應上摔下來，雖然有時我會。相反地，我保持耐性，也小心翼翼。

我們兩個都站在開放的空間，沒有可以抓的地方。每當對話消融入寧靜時，我們其中一人就會發現一個立足點，一個可以短暫立足之地，之後再走近一點，走近故事開展之處。五十雙眼睛看著我們，我跟辛蒂在一起，時而意識到其他人。

「妳說妳很害怕。」

「是的，我非常害怕，害怕我看到的，也害怕感覺到的。」

她輕輕地哭泣。我靜靜伸出手，握著她的手。「妳說妳覺得很悲慘，可以說說那『悲慘』嗎？」

「我很討厭現在所處的關係……好擔心孩子們……我真希望自己能比較控制得住。我的身體痛得很厲害。」

這裡有長遠寬敞的空間。

「我很訝異講完電話後妳竟然來了。」

「來這裡總比待在家裡好，家裡的氣氛真是他媽的讓人太沮喪了。」

「有找過心理諮商嗎？」

「剛開始去。我知道必須要做些什麼……我也試著練習，但有時候就是沒辦法……有時候又很有用。」

我們討論她的練習狀況，我想確實知道她所說的「有用」是指什麼。我想問清楚一點，而不是用我的想像來套在她的經驗上。在講述過程中，她不再哭泣。她說因為現在更看清自己的生活，所以對於自己有多不開心也比較敏感。但是她說練習靜坐時心裡會感到寬慰，這給她一個照顧自己的方法。而在面對極度疼痛或困難的情境時，她喜歡專注在「呼吸」。我們討論她的練習，也討論練習和她所處情境的關係。

一起，我們已經穿越了暴風雨，穿越了她困境的戲劇性。我們共同站在狂瀉的瀑布之後，也站在我們稱之為「風暴」的強風之後。我們沒有解決任何一個問題，然而，她與自己故事的關係位置已經改變了。辛蒂好驚訝。她胸口的塌陷感消失，現在坐得直挺。在這個當下，沒有任何解決方案，然而她微笑著，猶如綠野仙蹤裡桃樂絲從幕後偷窺的微笑。某些東西的面具已經被取下，因此得以被如其所是地看到，即使只有一秒鐘，而不再只是被想像式地對待。爾後，我們的對話停止。

正念允許辛蒂與我進入疼痛與心裡的不適。這不會令人特別放鬆，卻經常頗具啟發性，也讓人獲得解脫。這樣的時刻會在課堂出現，也會發生在本章一開始所提到的靜坐。在這兩個狀態下，其實都是看到以及同在本身帶來轉化，而不是行動。

辛蒂在面對憂鬱及無力感時，碰觸到自己的痛苦，也藉此碰觸到自己的穩定和力量。這不是來自於我指示她該這麼做，也不是來自於我告訴她實際上她自己是夠強壯的，這其實是來自於她願意真實碰觸並進入絕望與哀傷的感覺。在這樣的時刻，就在課堂上，辛蒂將慷慨與非評價的覺察帶入她的痛苦，使她能夠用特殊的方法承接這些痛苦。在這樣的時刻，她可以直接看到並觸及自己的經驗，而不是透過這些心態來看世界。也許這是她第一次短暫地訪問這樣的領域。

類似的事情也發生在我身上。我總認為練習是活生生的實驗室，這個觀點有助於讓我們明白，在日常生活中，當相同心境出現時，我們會採取的態度與方式。於是，跟我一起坐或跟辛蒂一起坐，完全沒有兩樣。她的意願，其實是我們的意願，願意一起探險，光是這個就已經消融了部分的恐懼與慣性。不是因為我做了什麼事情來「消融」，而是因為這般的移入，只要待的時間夠長，就能使我們接近並進入蘊藏於想法與情緒後面的廣闊無垠。情緒沒有走開，但我們依然可以直接嘗到這般的寬廣開闊。於是，就我們兩個的情況而言，所升起的強大反射式慣性反應，得以獲得減低或消融。

當我們以這種方式對待自己或他人時，所有關於我是誰的想法或觀點都瓦解了。當我們正念地、深深地碰觸到自己的恐懼與所覺知的限制時，即使只是短暫片刻，我們都可以移動，移到這看似堅硬實體的後面，彷彿陽光穿過雲層，我們根本的自然本性光芒四射。這不是魔法，但確實很神奇。

一日靜觀

今天是星期天，正下著雪，我深深地被這白色世界所吸引。進入教室裡，一百二十人已經安靜地坐在裡面，突然間一陣強風呼嘯，大家都向外凝視著。在正念減壓課程第六週與第七週的中間，我們進行一日靜觀。現在是下午兩點二十分，我們從一早就開始練習，一起安靜地靜坐、走路、站立、飲食、伸展。這裡是麻州大學醫學院的教職員會議室，校長辦公室旁邊。

白雪一片片從空中飄落，在風中、在牆邊，彈起、滑落、迴旋、沉降。小白點點朝著地面飄下，某種未知的神祕彷彿尾隨在後，無形的路徑，短暫的歇息，之後與其他雪花連結起來。雪花覆蓋著雪花，相互連結著，逐漸成堆成丘，覆蓋著前院地上的石雕，這是數十年前的手工作品。猶如飄落的小雪花片，我們每個人都受這天的氣流影響；猶如層層白雪，我們的個體性歇息著，未曾消逝，而是消融並擴展到更大的群體之中。

如果你現在走進教室，一開始你可能會被眾多的人數與隨身用具給嚇到。稍微待久一點，「個體」的感覺將逐漸模糊到更廣闊的合一。我們一起投入於仔細觀察自己的生活，這是一個生氣勃勃的社群，大家共享著邁向覺察／覺醒的核心動機。今天，醫師與病人的穿著相似，坐著或躺下的樣子也相似，大家相似地練習著相同的方法。這沒有要否認我們個別的角色差異，沒有要掩蓋每一個人的獨特樣貌，沒有要把每個人變成機器人般的一致。這相似本身正是我們共同投入的表現，也是我們彼此間基本相互連結的體現。這正發生於醫院，一家大型的教學醫院，一家隸屬於州政府教育體制的醫學中心，擁有全美最高水平等級的醫療管理，一心想改變國家醫療環境的醫院，一家邁向二十一世紀的醫院。

我跟同事瑪莉莎．布萊克（Melissa Blacker）與費南多．帝多瑞瓊斯（Fernando De Torrijos）早上七點就到，我們在教室周圍排了一百二十張椅子，開車用裝郵件的超大籃子運送瑜伽墊和坐墊，從平時上課的教室帶來這裡。測試音響，同時將教室裡的時鐘貼上一張紙，寫著「當下」。就在準備迎接今天的客人時，我們時而發生善意或有趣的小口角；今天的客人就是我們自己班上的學員。

八點十五分，學員陸陸續續到了，放下毯子、枕頭、午餐袋。在我們的建議下，有些人也帶了輕便摺疊椅，以緩和背部、腿部或頸部的疼痛。有些人攤開瑜伽墊，脫了鞋子，坐或躺在墊子上，即將進行一整天的探索。除了正在上課的學員，還有許多熟悉的舊學員也陸續進到教室。他們是正念減壓課程的畢業生。我們規律地寄信給他們，讓他們知道一整年的行事曆、課程與其他活動。對畢業生而言，一日靜觀是免費的，許多人會趁此機會溫習所學。

對我而言，看到十五年前的學員走進來是非常開心的事情，這表示他們持續用自己的方法在練習。今天，他們選擇放掉所有的日常俗事，參與一日靜觀。他們走進來的樣子、臉上的表情、手上的東西，都好像在說：「我來過這裡啦！」他們看來神情愉快。我問大家：「請問誰是畢業生？」大約三十人舉手。第一次參加的學員帶著驚訝又鬆一口氣的眼神看著他們。教室裡大多數人都是首次參與一整天的靜默課程，因此，在他們當中有三十個人已經參加過了，這對他們來說是一種保證，也引起他們的好奇。

八點三十分，我們三人回到減壓門診地下室的辦公室，再次簡單檢視今天的行程，然後一起靜坐十五分鐘。我們讓自己換檔，準備好這個複雜精細的整體任務，也準備好進入靜默與這一天的課程。一百二十位學員坐在一樓聊著，因為接下來的幾個小時是禁語的。我們不只是為大家創造靜觀進修，我們自己也參與其中。之後，我們三人環繞著教室，逐一與每位學員打招呼。九點整，瑪莉莎敲響第一聲銅鈴，將大家漸漸帶入沉默。當我們開始時，整個空間已經被寧靜全面覆蓋。我們三人將輪流說話，以引導大家練習，但會盡量用最清晰精準的語言，以降低所需講話的量；同時我們也倚賴無所不在的寧靜，於寧靜中所浮現的話語，提醒著我們，什麼是我們的任務而什麼不是。

長達六個小時，我們練習各種形式的靜觀，包括溫和伸展的瑜伽。我們一起安靜地飲食，練習各種覺察活動，深化先前所學。我們培育一種流動的能力，以接近並運用於每天的生活，這項能力我們已經學習六週了。

真令人驚訝，現在已經下午三點了。鈴響代表我們即將轉換到另一個狀態，從全然靜默到言語互動。在最後階段的寂靜，我們邀請大家一對一地低聲細語……只分享彼此今天的經驗，仔細聆聽彼此，然後再低聲細語……我們讓他們知道，任何時候他們都可以停止講話，如果他們想要的話，可以再回到靜默。在從靜默轉至講話、從講話轉至靜默的過程，他們可以回到自己的軸心，也得以靠近日常生活的真實樣貌。當教室的聲音愈來愈大時，我們會敲鈴提醒大家低聲細語……十五分鐘後，一對一的六十對小團體打散，大家再次回到靜默，銜接的是大團體的分享與討論。這是深度又生動的分享。

到了下午四點，我們再次回到靜默。雪已經差不多停了，剩下少許的雪花片片。雲層散開，天空從灰白轉為湛藍，如鮭魚紋的雲朵映照出粉紅與藍紫，令人驚喜的金黃夕陽灑在每個正在離去的學員身上。五點之前，郵件籃子、坐墊、瑜伽墊、音響、時鐘上的紙都必須回到平常的位置。費南多、瑪莉莎與我開了個簡短的討論會，回顧今天也給彼此回饋。這樣的會議其實大多是滿挑戰也頗直接的。我們真誠坦率地分享自己所覺知到的狀況，不論是自己或他人的優點或缺點。在這樣的討論中，正念練習持續著。即使我們都同意今天的狀況很好，在同事情誼與工作承諾的精神下，我們誠實且開放地討論。

週一我們有例行的教師會議，屆時，我們七個人會更仔細深入討論這個週末兩次一日靜觀的所有細節。週末兩次的課程有兩百二十人參與，有些人兩天都來，大部分是第一次參加，有些人已經來了第八、九或十二次。我們這些老師都好驚訝，過去二十年來，數以萬計的學員第一次走過這個門，然後一次又一次地回來練習，一年兩、三次，年復一年。

當我們走出醫院大廳的旋轉門時，大家都預期地上應該會有很多積雪。令我們驚訝的是，道路的積雪都已經清除乾淨了。一陣強風突然颳來，也迅速消失，我們嚇了一大跳也帶來歡笑，我們互道再見，走向各自的停車位。

在這二月下旬的傍晚，我開車回家，日照循環的變化讓我感覺冬日將盡。天還沒黑，伴著黃昏回家。我開往西邊的丘陵，映入眼簾的是連貫的小山谷，天際最後一道光芒照耀著。我從不去想一日靜觀後可以有什麼期待。現在，好開心我正在回家的路上。

在家的助人者 2

我這星期已經遲到了三次，忘了打電話兩次，下定決心今天一定要準時！等一下還有個人要見，不過時間很充裕，談完後就可以回家與家人共進晚餐了。可是，他的故事持續蔓延，我明顯感覺到有麻煩了。他陷入一片混亂，思緒東飄西移，不太能聚焦。隨著我的提問，我知道這將把我們捲入更多漫長又蜿蜒的支流，我們倆將必須共同探索一段簡短的時間，而他自己則須更長的時間獨自面對。

對於自己施予太太的暴行，他充滿悔恨，有種深深的絕望與無助，他也很擔心自己的行為對孩子們的影響。太太要求他離開，因為這個家已經不再需要他了。溝通了幾個月，也試圖修復，他明白自己與太太的關係、與孩子跟家庭的關係，將永遠喚不回了。工作一度是他活下來的基地，但現在也沒了。他眼睜睜看著所有的依靠一一切斷，他的自我認同、活著的目的與立足之地統統都被沖刷走了，他的生命全面潰堤。

我知道自己（又）將晚到了。

我們慢慢地談，語調清晰卻極為低沉。他很害怕會結束自己的生命，他說自己沒什麼計畫，也不知道離開醫院後今晚會如何。我問他是否需要協助，他點點頭說要。「我確實需要協助，很怕會結束掉自己。」兩通電話後，我們一起走到心理健康急診室。他掛號時我們坐在一起，好像磁鐵般肩並著肩，微微地向彼此更靠近一些。然後，我知道自己必須離開了，這是很困難的決定。我們凝視著彼此，就在急診室的大門滑過、碰地一聲關上之前，我們深深地看著對方。從門關上之前的縫隙，我看到他害怕、溼紅的眼睛。我的肚子感覺悶悶的，很想留下來。超越理智，我感覺自己遺棄了他，懷疑他是否也有相同的感覺。急診室那高大堅固鋼門關起來的瞬間，這種感覺更加強烈。

轉頭離開後，我走在長長的走廊上，走樓梯到地下室的辦公室，打電話給他太太。她一直哭，猶如洪流直洩電話的這一頭。她說因為愛他，已經試過千百遍了，但每次都讓她失望。她終於明白，她自己與孩子們的安全才是最重要的，對此信念她堅定不移。電話中，我們互道再見，她謝過我。我很震撼，也覺得感謝，因為我知道攙和著她的悲傷與堅定，反而幫助我看清楚與選定立場。我沉靜了幾分鐘，長嘆了一口氣，拿起電話打回家。是大女兒接的，我請她叫媽媽聽電話。

「她出去買東西了。」

「我會晚一點回去，因為我必須幫一個人，他深陷困難，很害怕會結束自己的生命，但他知道自己需要幫忙。請妳跟媽媽說一下。」

「他還好吧？」

「我希望。」

「沒關係，老爸，別擔心晚回家，這沒什麼大不了的。至少他平安無事！」

這麼有智慧的話語，出自一個成長中的青澀少女。好溫馨甜蜜，意外的救贖，直指事件的核心，讓我陷入嚴重糾結的心一整個獲得釋放，讓我感覺到夜晚寒冷氣流的溫暖擁抱，也撫慰了我開車回家的孤獨。

放下

她遲到了，嚴重逾時。隨著時間慢慢爬過，他愈來愈緊張不安、愈來愈驚恐狂亂。他打電話給警察，也許是幫不上忙或不想幫忙，他們告訴他一些協尋的管道。之後他在自家公寓頂樓發現了她，已經氣絕。他敘說著，那天早上她跟他所說的最後一句話是：「我愛你。如果我們未來不能長相廝守，這對我，也已經足夠了。」

帶著極大的勇氣與一、兩滴靜靜的淚珠，泰德・克馬瑞達（Ted Cmarada）跟我們說這件事情。他說，真正幫他走過這段的，是他拒絕背對後續的混亂、絕望、狂怒與哀傷。他訴說自己的困境：就在她走後不久，好幾次出現爆炸性的衝動，想趕快找一個人填補這失落的親密。他的心被這毫無預警的分離，不斷地攪動翻騰。

在震撼中，他打電話給爸媽和岳父母，許多朋友來幫忙處理後事與告別式。之後，好幾個星期、好幾個月，他獨自住在他們的公寓裡，即使親友都建議他：「這裡的回憶都太清晰了……該搬走了……找個你自己的地方……這裡的一切都會勾動你，不需要住在這裡啊……」但是，他還是選擇留下來，用不同的耳朵聆聽自己心底的悠悠哀怨，緊緊守住自己，直到他感覺自己又是一個完整的個體。他說，對他而言，只有給自己耐心，深層地專注於日常生活中任何被攪動的小瞬間，「放下」才有可能。

那天下午，他的敘說引起班上許多人的認同。正念要求我們單純地看，對自己開放，藉此，方能對世界開放，不論發生什麼，學習與它同在。泰德告訴我們他學習同在的歷程，他放下的歷程，他從家裡開始的歷程，跟他自己，也跟他破碎的心。

我們一次又一次緩慢學習這個課題，成千上萬次，這也使我們不斷回到練習領域。與其同在，而非對其施工，尤其是關於被剝奪的親密、內心的交戰或執著的掙扎。正念邀請我們進入一個更大的空間，涵容事件真實的空間。就在此「放下」與「同在」的過程中，泰德沒有嘗試要努力放下。他交由自己的深層智慧引導他進入此舉，而這來自於他願意慢慢來，等待此舉的浮現。允許某些東西自然顯現，而非強制讓破碎的生活立刻獲得重建。這也出於他願意被失落與寂寞強力席捲、拉扯，如同他願意漸漸憶起的信任，信任自己可以再站起來，立足於寬廣的空間，立足與自己同在的堅實土地。這，就是臣服。

許多人懷疑臣服，因為它似乎等同於屈從、消極、放棄，也指涉了對失去的恐懼。臣服，跟這些都無關。臣服要求更靠近，放棄若干我們所珍視的東西，很痛，卻有必要。我們非常恐懼永遠地失去。這恐懼是確實的，在某個內心深處的角落，我們都明白，我們早晚也將永遠失去。然而，誰與什麼會失去呢？連同失去這個概念本身，其實都是恐懼心靈任意武斷的概念。真正失去的，是虛假與分離。臣服，是漸漸地進入同在的核心，漸漸地進入超越想法與情緒的寬廣遼闊。所有個人的損失，舒適無止境地沉溺於經驗劇碼，都被拋諸腦後。於是，我們發現自己可以單純地活著，跟難過悲傷同在，跟寬廣心靈同在，也跟生而為人的如此這般同在。

在我們這個時代，放下，已經大幅縮減它所蘊含的動力過程，好像只成為一種技能，因此我們會這麼說「喔，我會放下的」；或者更糟糕，放下變成一種規勸，例如：「你為何不乾脆放下呢？」你可以感覺到這用法裡所隱含的抵制抗拒、缺乏人味、充滿冤屈與受害心態嗎？這些我瞭如指掌，因為已經用夠久了。今天，我靜靜地聆聽泰德，他沒要求什麼，沒要建議，沒要救贖，也沒要撫慰。我就只是帶著開放的耳朵，友善地諦聽。就在這一起坐著的裡面，就在這開放的裡面，分離孤立的布匹迸裂出細縫，於是我可以更了解他，這實在遠甚於交代過往歲月的枝微末節。

有些極度心痛的悲傷是不可能、也不需要被修復。也許，這正形塑我們的樣貌輪廓，正改變眼睛的視域亮度，正擴展身體的承擔耐受。這些傷痛本身沒有好或壞，就是傷痛。當我們願意停下來，允許暫時懸著，全然地與其同在，沒有進度或要求，這些寬闊的時刻，我們多半都可以感受到一種恩典，來自於超越悲傷或歡愉的遙遠。畢竟，這不正是我們想要的嗎？把我們的耳朵放在心靈的軌道上，碰觸自己的脈搏，全然地被他人聆聽，就在這樣的時刻，我們的本然樣貌被認識與了解。

移到個人的歷史故事之後

我第一次看到馬爾汀時，他躺在病床上。第一堂課在醫院七樓，加護病房的樓下。有人敲了一聲教室的門，門似乎就自動打開了，一張病床推入，馬爾汀躺在兩邊護欄架起的床上，吊著點滴，床上掛著監視器。一位瘦小的護士迅捷地把他停下來，從監視器後面往前跨一步，跟馬爾汀說：「我十一點半會再來。」然後就迅速離開，感覺來無影去無蹤。

這病床還真大。在這由三十張椅子所圍成的圓圈裡，剛好在門的附近有個空間可以放這張病床，但還是跨過圓圈的直徑斜斜地突出去，因此馬爾汀幾乎是在教室的中央。我走過去，伸出手，向他自我介紹。他躺著將病床升高一些，身體微微前傾，環視大家，以一種暗沉、悲傷、好奇、孩子般的眼神，配著兩天沒刮的黑鬍碴，好像在斜斜的寶座上勘查自己的領地。之後他躺了回去，跟其他人一樣回到自己的位子上。

他的到來為大家帶來很大的衝擊，彷彿醫院傳說中穿著條紋病服的幽靈，現在竟然真的出現在我們面前！他重重提醒我們生命的無常，隨時隨地都可能有難以預測的事情發生。他也讓我們知道自己目前所在的位置。馬爾汀很年輕，大約三十五歲，在一次嚴重的車禍中受傷，兩條腿極度疼痛也日漸衰弱，已經有兩年無法走路了。

他隔週出院，繼續推著輪椅來上課。他完成了整個課程，在後續三年我只有偶爾在餐廳或醫院走廊見過他，有時候他也會來辦公室找我隨意聊聊。

第一次見面後五年，他決定再上一次課。當時他正面臨要截斷一條腿，我記得他跟我說：「薩奇，這不再是一個假如、但是、何時的問題。」他相當害怕，也充滿著希望。我感覺到他選擇這個時點來上課，是要強化這樣的希望感，以準備好好面對將來的未知數。馬爾汀明白他必須活在當下。這期他上其他老師的課，但因為他需要非常密集地就醫，太多就診時間衝堂，所以他幾乎一半在我的班上。不過，第四週與第五週他沒有來上我週三早上的課，三個星期後我在一日靜觀中看到他推著輪椅過來，帶了很大的午餐袋，看起來非常疲憊，無精打采，不知道發生了什麼事。

隔週的星期三早上，他大約九點進教室，坐在輪椅上，鬍子刮得乾乾淨淨的，枴杖放在腿上，他今天的穿著顯然特別打理過，整個人看起來就是不一樣。之後，他用低沉粗獷的聲音，宣布他有東西要給我們看。他站起來，把枴杖放在一旁，離開輪椅，用自己的力量，一步一步走到教室的另一頭。大家瞠目結舌，當他轉身，朝向自己的位子時，如雷貫耳的掌聲喝采一整個爆開。

然後，馬爾汀說：「在一日靜觀時，也許你們都以為我在睡覺或心不在焉，但事實不然，我在做很多事情。在那靜觀的過程，我在別的地方。所以，那天結束時，我去停車場跟我太太會合，她來接我回家。當我靠近車子時，我沒有依慣例將輪椅摺起來放到後車廂，坐在駕駛座旁。相反地，我請她坐到駕駛座旁的位子，把鑰匙給我，因為我要開車。我的孩子們當時坐在後座……他們很安靜……之後，他們變得非常興奮……『爹地要開車』『爹地要開車』，然後我們開到一家餐廳，共進晚餐。之後我開車回家。這是五年來我第一次開車。」

大家動也不動靜靜聽著，對馬爾汀非常敬畏，他能突破外在環境的支配，實在令人太震撼又感動。不只是因為他能在教室行走或自行開車，而是因為他發現了自己，在長期的支離破碎與失去自我後，還能發現自己的圓滿完整。他失去局限性的「自我」——純粹個人的歷史故事。今天，他坐在這裡，為我們所有人活生生地見證了在自己裡面發現圓滿完整的可能，不論我們的狀況如何，也不管我們扮演的角色為何。

之後，馬爾汀說：「在一日靜觀中，我才了解，原來，我等某些事情發生已經等了五年。因為擔心，我停止做很多事情，擔心我的腿、擔心失去我的腿、擔心截肢、擔心後半輩子要怎麼辦、擔心我的家人與小孩。就在那天，我決定，就從當天開始，不管發生什麼事情，我要停止等待，開始過我自己的人生。」

第七週

今天早上課程開始之前，大家談論的話題都是一日靜觀。有參加的學員熱情洋溢，沒參加的學員不論是有事或就是沒來，也聽得津津有味。教室裡每個角落都在談論這將近八個小時在做什麼，這天課程與六週以來課程的類似或差異之處。

有時候我會順著這股團體動能，直接以討論一日靜觀來開始今天的課程。不過今天我建議大家，在前兩週我們都有觸及溝通的主題，在進一步討論之前，先來一段正式練習，之後我們可以討論一下練習和關係之間的連結，最後再來討論一日靜觀。大家都同意這樣的安排。於是我們開始十分鐘的靜坐，十五分鐘的立式瑜伽，再靜坐半個小時，這段靜坐整個教室一片寂靜！當我們練習結束後，大家開始開玩笑：

「經過星期天之後，這三十分鐘的靜坐實在太容易啦。」

「什麼，三十分鐘？感覺上才五分鐘而已。」

「星期天之後，每一件事情感覺都好豐富喔。不過我回家時已經筋疲力竭啦。」

「我也是耶。我八點就已經在沙發上睡著了，一直睡到隔天早上。」

「星期天真有夠操的，不過我對自己感到滿驕傲的。好開心再回來這裡跟大家一起練習。」

團體的集體能量想要移到這個方向，大家笑呵呵，開玩笑地說：怎麼「無為」要做這麼多事情啊。大家認真討論，彼此間感覺很靠近，明白自己在這段時間的所學，也看到眼前的未知。克里斯說團體很快就要結束了。他這麼一說，引起了大家的注意，讓大家開始思索這個議題。他說少了這一週一週的課程安排，他不知道是否還能夠繼續練習，以及如何持續做下去。他相信自己已經學到了要持續練習的訣竅，但就是少了「你們這群夥伴」。很多人有同感。有人說，他覺得很快就要「用自己的力量飛翔，再看看會怎樣囉」。

關於課程結束後要怎麼辦，大家紛紛表示意見。倒是珍妮特拿起她的練習手冊，說想要討論溝通的議題，尤其是溝通「困難」的狀況，以及她在這些時刻自己觀察到什麼。大家把注意力轉到她的提問，也紛紛拿起自己的手冊。

團體會自行教導。這些參與者正在主導學習方向，進入他們覺得有趣的主題，不等我了，有幸參與這歷程真是我的殊榮。對身為老師的我而言，這是教育的最高潮：大家把自己引出來，也把同伴引出來。我的任務就是不採取任何行動，注視這綻放的過程，我好喜歡這樣。過去兩週以來，大夥兒慢慢嘗試著一種更加自我引導式的學習。現在，他們愈來愈上手了。我很開心讓他們從我的保護指導下鬆開。

我頗好奇，某些班級能夠推進此狀態的關鍵因素為何？有多少是因為我？有多少是因為他們？有多少是我們彼此間的化學反應？還是課程、密集的練習或一日靜觀的嚴格，讓他們逐漸發展出一種有力的感覺，更加有把握也更多自我信任？這個現象我其實已經看過很多次。我想，我永遠不會真的明白，也不想把這一切化約到一個簡單的答案。

教室裡好像有魔法，彷彿這段時間以來我們所有人的用功，不論是各自或一起練功，現在，都正在結出豐碩的果實。而我們也都在學習如何學習。這可不是小事情，最重要的是，我們不是被教導如何學習，而是被教導如何信任、如何反芻，之後如何將資訊傳遞給他人。我親眼看到人們學習如何信任自己的感覺，這不是允許情緒恣意擴張，而是在更底層的內心深處漸漸熟悉、也信任自己。這是不可動搖的。雖然對我們每個人而言都只是剛開始的萌芽階段，還需要和緩穩定的成熟過程，但它卻是明顯又可用的。就在此時此刻，大家都已經在這樣的狀態了。對此狀態，也許可以有千百個不同的命名，但大夥兒與當下的同在是無可辯駁的。

學員們繼續談論星期天的一日靜觀以及後續幾天的生活狀況，大家直來直往、來來回回、辯論、挑戰、建議、說自己的經驗等等。範圍從工作中與老闆的相處，到家庭裡與子女的互動。從開進一個慢車道，到發現自己在收費站有多急躁。從先前一直覺得想睡覺，到現在覺得再清醒不過。從在自己的痛苦中感到孤單迷惘，到認同某位學員所說的這是大家「普遍的苦」——他不再覺得自己「形單影隻」，而覺得自己是某個更大整體的一部分。從長期覺得對他人與世界感到厭煩惱怒，到深深體驗一種平衡和諧與會心理解。有人說，在一日靜觀中「賓客之屋」更顯具體與生動，而她正開始用各種不同的方式練習與體驗「歡迎光臨」的感覺。

當這些走完後，已經十一點二十分了，我們還沒進行身體雕塑、角色扮演或合氣道的練習。我們經常運用這些來創造發自內心深處、以身體覺察為基礎的各種溝通模式，而這些模式對我們都是唾手可得的。也許下週我們會做這些練習，也可能不會。從「課表」的角度來看，還有很多東西我們尚未觸及。然而，我們已經完成最重要的部分了。我們一整個早上都在跟彼此溝通，進入會心交流的狀態。團體已經用自己的方式自我完成。透過規畫今天的課程，我也完成了自己的工作。我的課程規畫思慮周全又清晰，然而，在今日團體成員所放射出來的智慧和天賦之中，這規畫真是顯得蒼白又單薄啊！

諦聽

今天清晨，我靜坐後起身，正準備走去書桌把電腦打開時，抬頭往南邊窗戶一看，映入眼簾的是藍黑色的天空與寧靜豎立的聖賢：白色的松樹和雲杉，光溜溜的橡樹與楓樹。大地純粹的雪白，尚無腳印（四腳或兩腳的腳印都沒有）。岩石公園被雪覆蓋著，厚厚的積雪在陽光下顯得晶瑩剔透。不只如此，窗外高掛的月兒也讓我的眼睛為之一亮，就在高大橡樹林的樹梢上，細長的弧月銀白雅致。現在，當我在書寫時，月兒的光澤變淡，銀白轉為隱約。這月兒反映出清晨還沒出現的陽光。天空的星辰使我憶起，在所有行動的背後，正是這般的接收和映照，諦聽，由此而出，由此而續。

若無此接收光芒的球體，那麼，接觸如千萬太陽般熾熱的真實，將完全不可能。為什麼呢？因為只要任何人一靠近，就會被極度熾熱的真實給燒毀殆盡。不再溫柔，不再接收，不再有加熱或冷卻的持續循環，因著此循環才有靄靄白雪、才有不同溫和元素的匯合，而這正是成熟的歷程。就在這長期耐心的諦聽中，言語的光芒得以浮現。多慈悲的月亮啊，平均無私地接收熾熱的光芒，以此光芒映照所有的生命。也許，就像這月兒，我亦將持續記得……諦聽、接收、服務與被使用。

〔練習〕

諦聽

從現在開始，試試看，當你正準備要與人對談時，仔細觀察：留心動機，留心第一個浮現想說話的那股衝動。當此衝動浮現時，你想要什麼，有意識地停下來，吸一口氣，兩口也行。自我檢視，而非自我批判或強化自己的觀點。注意自己裡面正發生什麼事，心裡的想法、身體的感覺。給自己一點空間，廣闊的空間，來接收這些內在浮現的訊息，即使你看起來是安靜地聽著。

言語

多壯麗耀眼的陽光啊！現在，天空已轉為湛藍，積雪遍地，山坡輪廓、花圃與道路周邊依然清晰可見。在陽光的反射下，大地彷彿五顏六色的閃亮珠寶，到處亮晶晶。這來源很清楚，毫無疑問，也不需要問，全然的明亮，放射的光芒，飽滿的自信，毫不掩飾，猶若米開朗基羅的大衛雕像。

溫度計上顯示攝氏零下七度。然而，在我眼前，玻璃窗外的世界，冰凍的積雪正融化滴下，脫離固體的模樣，回到液體容貌，流著、流著。在這光芒的轉化下，再次回到自由流動。多有趣啊，這光芒也帶來了影子舞蹈。微風徐徐，白色大地上的樹枝葉片風姿搖曳，影子時時刻刻交錯變化。注視著這光影變化，令我驚歎連連。純粹素樸的存在，沒有多餘的東西，單純地興高采烈。猶如月兒，太陽就在這裡，而非在他處，一種返鄉的歷程，一而再、再而三地提醒我，清楚表達所蘊含的強勁力道。

我的發現之旅來到聲音。聲音，可以來自於嘴巴，來自於呼吸，也來自於深層的聆聽，這些都是清晰的呈現。輝煌的經驗，覺醒的感動，一次又一次清楚浮現心中。我很明白，病人學員們在這正念學習歷程中，不斷回應每個當下，在當下裡，存在著他們內在本來就有的覺性，那遍布又寬大的狀態。我邀請班上學員開始留心沿途景致……不只要知道所浮現的是哪種想法／情緒，更要明白自己跟這些想法／情緒的關係。經過幾週的練習後，大家開始自行發現，原來，想法／情緒是自我內在參照的反映。

多大的領悟啊！當這樣的情形發生時，一切都會轉變。想法／情緒往內移，沿途的景致往內移。山川、月光、黎明、黃昏、陽光，看起來都不一樣，都是嶄新、鮮活、明亮的呈現。我們開始體悟到，想法、期待、假設、情緒都是來來去去的現象，也許陰天，也許狂風暴雨，所有這些狀態在一個更大的脈絡下被我們清晰覺察。大家開始明白，原來這些心理波動猶如空中浮雲，既不否認也不會使體會過的同在或內在光明消失。這不是一種象徵隱喻或異想天開，學員們真實地直接體驗如此這般的內在覺醒，體驗每一個人都有的光輝燦爛，與生俱來且近在咫尺，只是需要經常憶起與小心照料。原來，我們都是光源。

在家的助人者3

我家晚餐的話題通常會圍繞在社會與世界的變動狀況，我們跟孩子們聊戰爭、種族歧視、偏執的信念、不公義事件與正義事蹟，也會提到黨派、孤立、友誼與各種社群。我的兩個女兒在家庭的影響下，明顯慢慢地發展出自己關於這些層面的觀察與想法，因為她們也會主動參與討論、選邊站或有自己的立場。

這些年討論下來，小女兒費莉絲對無家可歸的人特別有感覺，即使她從來沒有真實接觸過。她六歲那年，趁著寒假我們去紐約玩，這是她跟姊姊第一次去紐約。我媽媽（她們的奶奶）跟我們一到去洛克斐勒中心。就跟平常一樣，這裡到處都是新建案，因為施工的關係我們必須繞路走地下道，而且繞很遠。這地下道很長，灰灰的，兩邊都是塗鴉與海報。走到一半，我們遇到一個小女孩，大約八、九歲吧，坐在牛奶箱上，靜靜地拿著一個空飲料杯，脖子上掛了個紙板寫著：

我的名字叫凱悌。我父母都沒有工作。

我沒有東西可以吃。請幫幫我。

你可以給我一些錢嗎？願上帝祝福你。

費莉絲停下腳步，抽開我的手，站在凱悌面前，兩個小孩四目相望。她讀著紙板上面的字。我想要保護她免於接觸這樣的世界，伸手緊緊圍住她，試著把她拉開，她卻定住不動，還把我推開。幾分鐘後，我們轉身迅速離去。當我們大家都朝著一個明顯的目標前進時，費莉絲卻頻頻回頭，盯著凱悌直到完全看不到為止。

看完溜冰後，我們去無線電遊樂城看大腿舞表演（兩個孩子要求了好多年）。之後去吃東西，返回公車站時已經天黑了。到處都是皮條客、娼妓、街頭傳教士。在寒冷的毛毛細雨中，霓虹燈照著躺在排水溝裡的人們，瀰漫著怪異的氣味。我們必須走原路回去，費莉絲堅持回頭找凱悌。我們沒有找到她，因為我換了別條路。往後的好幾個星期，費莉絲一直在講「那個小女孩」。

去年冬天，已經是看到凱悌五年後了，我們一家去劍橋市。費莉絲跟我坐在哈佛廣場附近一家大型家具店的展示廳，看著麻州大道。她媽媽與姊姊正在仔細研究布料樣本，此時我們瞥見一些無家可歸的人，在寒冷的一月下午躺在戶外睡覺。費莉絲看著我，用一種格外深層與低沉的語氣問：「為什麼有些人會無家可歸，而有些人不會呢？」在那一瞬間，我明白她已經了解，很多東西跟她想像的完全不一樣，也很難解釋。就像玻璃窗格，在他們與我們之間有透明薄玻璃的隔閡。我們看著彼此，然後轉頭看著躺在人行道用厚紙板當被子的人，來來回回好幾次，沒有說很多話。她的眼神從憤慨，轉化為悲傷與說不出的迷惑。

她再次與凱悌連結，與眼前的人們連結，與我也與她自己連結，不再冀求原有的保護和避風港。她溫柔又開放的悲傷毫不矯飾，我知道我們之間的關係已經改變。她正引導我進入一個新的階段：允許她自己去感受那風，時而輕拂的溫柔微風，時而震撼心弦的強風。我很了解這種態度的位移，在正念班上經常看到。然而，我在這一刻面對的是我的孩子，我從她出生到現在一直保護她，不讓她受傷。那感覺真令人充滿敬畏，是一種緩慢又痛苦的釋放，也是突如其來的恩典。

在這恩典裡也有動亂啊！於是，我再次被提醒，關懷照顧，需要的經常就是開放廣闊的空間。不論是對我們自己或對別人，不論我們是接受或提供照顧者，也不論是在「家裡」或在「工作中」，要製造這樣的空間，都需要持續消融先前有用而現在卻成為鐐銬的種種想法與信念。

第八週

教室裡充滿了能量，充滿了人，充滿了此起彼落的談話聲，充滿了生氣蓬勃的臉龐，毫無疑問，也充滿了更多的同在。大家都明白，這趟正念之旅我們已經走了好遠。現在，我們回到剛開始的地方，一起圍成大圈坐著。然而，大家已經都不一樣了。

這是最後一堂課，也是最後一次大家在同樣的時間空間齊聚一堂。身為課程的帶領者，我不打算將這堂課弄得像最終一堂。對我而言，這是最後一堂課，然而從大家即將各自面對未知來看，也是第一堂課。有些同事在這一堂課進行很棒的結束儀式，作為此學習轉換歷程的里程碑。他們邀請學員帶美味的食物、詩句、故事、歌曲、最喜愛的食譜等來彼此分享。我曾參加過他們的班級，這樣的方式感覺深刻又完整，不過我選擇用其他的方式來標記這最後的轉化歷程。

你聽過愛爾蘭音樂家歌手湯米・山恩慈（Tommy Sands）嗎？他曾經寫過一首歌，描繪自己把罹患阿茲海默氏症的媽媽送進安養院，這是許多人都有的難忘經驗。當他把媽媽安頓好後，發現自己很不想離開。他坐在媽媽身邊，握著她的手，知道差不多該走了，但不知道要說些什麼。

他們一起安靜地逗留在那新房間一會兒，就在這時，突然間所有的兒時記憶一一浮現。之後又一次，他跟媽媽坐在一起，這次換媽媽握著他的手，深深地、慈愛地看著他，向她的年輕小夥子說：「再見了，我的愛，沒有人離開的。」在那當下，他憶起上次握著媽媽手的感覺，安養院裡充滿了哀傷、抉擇與某種過渡的感覺，他輕輕對媽媽說：「再見了，我的愛，沒有人離開的。」然後走出了媽媽的房間。

最後一堂課對我來說幾乎就是這樣的感覺。聽到這故事是很久以前了，打從那時候起，這就形塑了我第八堂課的風格。我感覺跟每一個人都有連結，雖然有些人連結得比較深。然而，不論深淺，我與同事都很樂意延伸這樣的關係，而不需要受課程結束的限制。這背後有一個理念：永遠不放棄任何一個人。即使他們放棄了我，我卻盡可能不放棄他們。人們太神奇，充滿了各種發展的可能，以至於我無法放棄任何一個人。更重要的是，我希望他們不要放棄自己。猶如湯米在安養院的那一刻，亦如他媽媽多年前就領悟到的——沒有人離開。在一個痛苦的轉化歷程中，沒有人需要放棄。因此，最後一堂課的重點就是沒有結束。

我們直接進行三十分鐘的靜坐，沒有任何前置安頓動作，單純進入深層的寧靜。大家這幾週的投入、堅持與自發性的練習，此時充分呈現。我好開心參與這般集體的寧靜。靜坐結束後，我們無縫進入立式瑜伽練習。之後躺回地板，重訪身體掃描。兩個月前，我們從這裡開始。現在，我們又回來了。我們一起進行九十分鐘的練習，就像前面幾堂課一樣，課程通常會從長時間的正式練習開始，好讓練習不論在現在或未來，都成為生活的第一順位。這般正念開展的人生是無法預測的，話又說回來，提供預言也不是我的工作。但是，如果我們對於每一天的來臨，能夠盡可能地跟自己、跟他人、跟全世界直接充實地正念互動，這麼一來，未來就會照顧好它自己，因為我們已經照顧好手邊的一切了。

現在，我們進入討論時間。我邀請大家閉上眼睛，在心中構思五個字詞（或更少）。就好像從前船長在將船駛過海峽航道時，聽當下的水聲以測量水道的深度。我邀請大家用五個字來描述自己現在的狀態，以及在這八週裡有什麼感動到自己。這不會花太久時間，因為五個字詞限縮了所能說的，卻也精準呈現。我們採取自由發言的形式，好像爆玉米花，沒有明確的次序，而是在你覺得想講話時才「爆開」。團體動能以及大家所說的話，讓所有人對於這兩個月以來我們付出的努力與獲得的回報，有了深刻清晰的理解。

之後我將信封、白紙、鉛筆傳給大家。我邀請大家在信封寫上地址，然後寫一封給自己的信。這封信他們將在課程結束後的六到十二個月間收到，這封信將提醒他們這段學習期間最容易忘懷的感動。教室裡一片寂靜，唯一的聲音是鉛筆在紙上的唰唰聲與手移動的聲音，寧靜中的節奏。有人停下來閉上眼睛，有人不停地寫，有人寫得很慢，我不禁懷疑他們什麼時候可以寫完。雖然很少人寫得滿滿的，但有一種心滿意足的感覺在教室洋溢著。有人好像在寫書；有人問是否可以不要文字而用畫的。當然可以，這表示他們將送畫給自己。有人要更多的紙，與另一枝筆。這一切持續進行，直到最後一個信封被糊上，一併跟其他人的信一起放到教室大圓的中央。

十一點半了，大家還熱烈討論著在這段期間從彼此身上學到的東西，討論著大家在相同的時間與地點下巧遇於此，以及每週同伴所湧現的勇氣、智慧與力量。今天過後，大概不會再常看到彼此了。而在未來的兩週，我將與所有人進行一對一的課後會談。

學員們感謝我的用心教導，我接受了。我感謝他們送給我的一切，在過去的兩個月，因著他們的同在，我的生命更加富足。然後我對大家說，結束後我會站在門口歡送他們，也許握手、也許擁抱，觀看他們想要什麼。我將銅鈴交給坐在我右邊的女士，過去兩個月以來，我用這銅鈴的鈴聲作為靜坐開始與結束的信號。她說自己渴望敲這對銅鈴已經很久了，哈哈，現在終於有機會了！她輕輕地對敲，鈴聲迴盪著，所有人睜眼領受這鈴聲，再次看看彼此。過去兩個月來，我們每一個人用自己的方式學習成長，彷彿燉煮出自己的美食。於是整個教學循環再次帶來美味可口又營養的一餐，非常值得細細品味的一餐。

〔後記〕

記得小時候，有一陣子我深受某個影像干擾，那是耶穌手上拿著自己被荊棘包裹的心臟。一九五九年，我十歲，在日本鎌倉市，當時我坐在佛陀的手上，一個好大的青銅佛像。那天好冷，若干殘雪與我一起坐在展開的手掌與長長的手指上。這改變了我的一生。二十出頭時，我經常一個人靜靜坐在某間教會的長椅上，那裡有個耶穌石雕。站立的耶穌右手臂前伸，手上拿著自己的心臟，在他長袍皺褶後的胸膛部分是敞開的。

我印象最深刻的是他的臉龐，既不皺眉蹙額，也無微笑；沒有殉難飽受折磨的樣貌，也沒有來世的輪廓；就只是靜靜存在著。眼神溫暖哀傷，卻又充滿寧靜的喜悅。坐在雕像旁，那種將全然的心開放給全世界的精神，好像會產生某種共振，迴盪著、也包圍著我。對我而言，這雕像不是描繪遙不可及的「上帝」，而是傳遞一種鼓舞人心的愛：固有的、徹底的、可及的、隱藏的，也是每個人都可以體現的。於是，這雕像成為一種提醒：直接、單純、坦率地看到人類的心，原來是可以全然不受制約地奉獻給這世界。

我們有千萬次的衝動，想把自己溫柔的心，拿回僵硬衣服的皺褶內，這是輕而易舉的。長驅直入這般的衝動，將有很多痛苦，也有很多新的可能。願意慈悲地與此根深柢固的慣性合作，這本身就是一個開放的邀請，邀請發現自己內在樸實熱情的光輝。靜觀的練習／照顧好自己／幫助世界的召喚，這一切的整合，讓我們了解到不論自己的角色或專業是什麼，為了人類的福祉與發展，我們都要負起全然的責任，並且把這樣的責任放到生活順位的最前面。抱持這般的意念，企圖以這樣的態度生活，將帶來一大堆麻煩，也將帶來寧靜的讚頌。這般看似不可能的任務，很容易招來自大傲慢與意氣消沉、失敗退縮與再次承諾、心滿意足與巨大喜悅。而我們之所以能夠承接如此重責大任，是因為我們所有人都渴望獲得自由與喜悅，也因為在這旅途上我們都想要結伴同行。

用這種方式生活，是讓我們對自己、對療癒、對療癒關係產生重大位移的基礎。開啟此般探索，使我們得以從冰冷堅硬到充滿生趣活力。這般生命活力本身就是一種療癒，在這永遠豐厚又不可估量的天地萬物中，持續開展。

在這旅程的最底處或飛航的最高點，愛，都不會為我們帶來歡笑。在最深與最高處，它使我們受盡折磨，哭喊、呻吟、痛苦，卻也令人歡騰狂喜。很奇怪嗎？一點兒也不，因為出生本身就是痛苦的喜悅。小死亡，是法國人所說的擁抱高潮——當它把我們弄碎時，也令我們整合；當它丟掉我們時，也找回我們；我們的結束，也正是開始。他們稱之為小死亡，這必定偉大又不可思議，宰掉我們，也令我們重生。

——愛德華多．加萊亞諾（Eduardo Galeano）《擁抱之書》（*The Book of Embraces*）

在每日生活的高度擠壓下，非常容易忽略人類存在的相互依存性。我相當尊重這般彼此相互連結的事實。撰寫此致謝文是非常強力有用的提醒，提醒我衷心感恩許多直接或間接促成這本書的重要人士。對於他們在我生命中的真實同在，我深深地鞠躬致意。

我要感謝喬・卡巴金博士（Jon Kabat-Zinn）。他是減壓門診的創立者，也是麻州大學醫學院於醫療、健康照護與社會之正念中心（Center for Mindfulness in Medicine, Health Care, and Society）首任執行長。從一九八一年開始，他就是我的老闆、導師、同事兼教學夥伴，更重要的是，他是我這趟內在之旅的知音，因著這旅程才有這本書。他接受過基礎科學與凝思科學（contemplative science）的訓練，長期致力於整合「內在與外在」、「精神與物質」、「有形與無形」。他對我的生命、對醫療界、對健康照護領域都有深遠的影響。我永遠感激他，感激他的智慧、風趣機智與友誼。

我要感謝麻州大學醫學院醫學系預防行為醫學部主任裘蒂絲・歐肯（Judith K. Ockene）博士，感謝她一路以來的鼓勵與寬闊胸懷。過去十五年來，我從她身上學好多，她給我成長與茁壯的充足空間。

我要感謝一千四百多名在麻州中部與附近新英格蘭地區的執業醫師，以及我們更密切合作的麻州大學附屬醫院的醫師們，感謝他們將病人轉介到減壓門診。我也要感謝 John Moynahan 博士、John Zawacki 博士、Sarah Stone 博士、David Clive 博士、Ira Ockene 博士、Davis Giansiracausa 博士、David Hetem 博士、Ed Landeau 博士、Andy Cohen 博士、Ilia Shlimak 博士、Bill Damon 博士、Lynn Manfred 博士、MaiLan Rogoff 博士。他們致力奉獻於教育下一代的醫師，開創以病人為中心的照護方式。他們走在時代尖端的醫學教育，經常是我靈感的泉源，也是讓我默默引以為傲的來源。此外，我還要感謝 Marty Young 博士、Majorie Clay 博士、Michael Wertheimer 博士、H. Brownell Wheeler 博士，感謝他們的同在與支持。

減壓門診的教學同事，一直是相互支持鼓舞的堅定夥伴，我實在想像不出能有更好的團隊了。感謝 Ferris Urbanowski 無盡的熱情，在成書過程中，她多次詳閱文稿並提供寶貴意見，幫助很大。最重要的是，多年來她一直對正念與療癒交會的關注，並有過人的洞見。感謝獨立臨床社工師 Elana Rosenbaum，她的大心、無比的勇氣以及她以正念處遇癌症的經歷，都令我深深尊敬。感謝 Pamela Erdmann 的坦率與正直，以及她將正念帶入麻州監獄系統的努力。感謝 Florence Meyer 的聆聽，她體現了開闊的心靈空間與安全感，這可以在她的班上明顯地看到。此外，也非常感謝她對本書初稿的詳實回饋。感謝 Melissa Blacker，她是資深禪修者，在工作上非常細膩又有趣。感謝 Fernando de Torrijos 的慈悲心、紳士般的態度以及對凝思（contemplative）傳統的真知灼見。也要特別感謝 Fernando 與 Melissa，他們共同將正念帶給麻州烏斯特市，市中心的低收入戶與醫療不足的居民。

深深地感謝來到 Larry Horwitz，感謝他驚人的組織能力與我們持續開展的友誼。感謝 Anne Skillings，她反應快速，總是有辦法在不同的場合有最佳展現。此外，她亦長期貢獻於我們的正念研究。感謝 Leigh Emery，她飽讀詩書，行政管理眼光獨具，分享了許多的好詩給我們。感謝 Michael Bratt 博士，他對正念練習有高度熱情，幫助減壓門診做研究，甚至成立了一個研究團隊。感謝 Carol Lewis、Sylvia Ciarlo、Roberta Lewis、Leslie Lynch、Norma Rosillo，以及最近加入的 Jean Baril 與 Carmen Torres，他們負責減壓門診每天的日常運作，也積極參與正念中心的形成過程。

如果沒有學員的參與，這本書也不可能出現。感謝打從一九七九年來，上萬名病患學員參與減壓門診的正念減壓課程。他們捲起袖子，落實正念練習，運用正念來跟他們自己的壓力、疼痛與疾病和平共處。他們為我的生命帶來好大的改變。在我們一起探究他們的生活與努力的過程時，我祈禱自己確實有好好善待他們。

深深感激我太太瑞秋瑪娜與兩個女兒雀莉絲和費莉絲。她們眼神熱切，率直又清明。當我撰寫此書時，她們大方地給我許多時間和空間。她們的愛與支持是我最大的祝福。感謝我父母 Rose 與 Fred Santorelli，感激這麼多年來他們所給我的一切。感謝我姊姊 Rosanne，她總是真心地對待這世界。另一方面，我也感謝岳父母 Dough 與 Pearl Robinson，他們教我好多。岳母在生病期間堅持掌舵自己的人生，讓我得以比較了解課堂中採取相同態度的病人。岳父洞察力超強，總是笑口常開，也總能在最合宜的場合說最適合的故事，這些對我都有很大的啟發。

感謝 Stephan Rechtschaffen，在一九八〇年代當身心醫學開始萌芽的初期，他給我一個臨床的位置，也感謝我們之間的情誼。感謝 Monica Faulker 早期對我的鼓勵與堅定的支持。感謝 David Wienberg，一位住在加州柏克萊很棒的正念減壓課程老師。當我撰寫這本書時，遇到這一生中很大的困難，他與太太 Karen Elliot 提供我溫暖與關愛的避風港。感謝 Bob Stalh、Patrick Thornton、Amy Salzman 三位博士，他們在西岸的舊金山與灣區附近，幫忙建構起正念減壓教師的網絡。感謝 Elizabeth Lesser 的溫馨友誼，我們共同的教學經驗是「寧靜的心智，開放的心靈」那篇的靈感來源。

感謝數千名健康專業人士，你們在減壓門診或全世界各地參加了各種正念專業訓練。你們將同在、能量與勇氣，引導讓自己能仔細觀看並開放討論，討論你們自己的受傷經驗、從醫召喚、新醫病關係的渴望等，這一切，構成我生命的重要部分。你們的同在軌跡，猶如潺潺溪流，穿越了這整本書。

在相同的脈絡下，我也感謝第一年與第二年醫學院的學生，我們一起密切地共事了這過往的十二年。你們警覺地留心是什麼召喚自己進入醫學院，而在這種匆促追趕的醫學教育體制下，你們的熱情召喚正漸漸磨損殆盡。面對這樣的情況，你們表達了自己的焦慮、痛苦與憤慨。這正是你們尊嚴的顯現，我好感動你們以此方式尊重自己的召喚。你們的專心奉獻，其實也持續提醒著我的使命。

我深深的敬重與感激神話學者 Karl Kerényi，他將凝思醫學與希臘的神話原型（凱隆——負傷的療癒者）結合。我也謝謝榮格學派的精神科醫師 Adoloph Guggenbühl-Craig，在建構負傷療癒者與健康病患這兩個我們每個人都有的極端時，他對療癒關係的洞見影響頗大。我在日復一日臨床照護的醫療場域中，不斷驗證他們具發展性的洞見。這一切，加上正念的練習，正是本書得以開花的種子。

感謝 Gerald Weinstein、Jack Wideman、Patricia Griffith、Alfred Alschuler 等教授，當我在麻州大學阿默斯特分校就讀教育研究所時，他們走在時代前端的教學對我影響很大。感謝詩人 Robert Bly，從他那裡我第一次聽到《格林童話》裡的〈魔鬼的黑炭弟兄〉。

感謝 Swami Satchidananda，深深地感謝蘇菲導師 Hazrat Inayat Khan、Vilayat Inayat Kahn、Taj Glantz，感謝正念靜觀的老師 Larry Rosenberg、Corrado Pensa、Sharon Salzberg、Christina Feldman、Kamala Masters、Vimalo Kulbarz 以及一行禪師。我從他們每一個人身上所學到的，正是本書核心。

感謝極優異的編輯 Toinette Lippe，從一開始她就了解這本書。她既挑戰又支持，優秀的編輯能力與扎實的靜觀修行，帶來了銳利的眼光與寬闊的接納，於是我們得以順利合作，很開心跟她一起工作。謝謝藍燈書屋（Random House）與 Bell Tower 家族。謝謝設計本書封面的藝術家 Mary Schuck。謝謝設計內頁的 Lynne Amft。謝謝引導整本書完成的生產部編輯 Andrea Peabbles。最後，謝謝監管整個製造過程的生產部經理 John Sharp。

野人文化
讀者回函卡

書　名

姓　名　　　　　　　　□女　□男　　年齡

地　址

電　話　　　　　　　　手機

Email

□同意　□不同意　　收到野人文化新書電子報

學　歷　□國中(含以下) □高中職　□大專　□研究所以上

職　業　□生產/製造　□金融/商業　□傳播/廣告　□軍警/公務員
□教育/文化　□旅遊/運輸　□醫療/保健　□仲介/服務
□學生　□自由/家管　□其他

◆你從何處知道此書？
□書店：名稱 ________　□網路：名稱 ________
□量販店：名稱 ________　□其他 ________

◆你以何種方式購買本書？
□誠品書店　□誠品網路書店　□金石堂書店　□金石堂網路書店
□博客來網路書店　□其他 ________

◆你的閱讀習慣：
□親子教養　□文學　□翻譯小說　□日文小說　□華文小說　□藝術設計
□人文社科　□自然科學　□商業理財　□宗教哲學　□心理勵志
□休閒生活（旅遊、瘦身、美容、園藝等）　□手工藝／DIY　□飲食／食譜
□健康養生　□兩性　□圖文書／漫畫　□其他 ____

◆你對本書的評價：（請填代號，1. 非常滿意　2. 滿意　3. 尚可　4. 待改進）
書名 ____ 封面設計 ____ 版面編排 ____ 印刷 ____ 內容 ____
整體評價 ____

◆你對本書的建議：

野人文化部落格 http://yeren.pixnet.net/blog
野人文化粉絲專頁 http://www.facebook.com/yerenpublish

廣　告　回　函
板橋郵政管理局登記證
板橋廣字第143號

郵資已付　免貼郵票

野人

23141
新北市新店區民權路108-2號9樓
野人文化股份有限公司 收

請沿線撕下對折寄回

野人

書號：0NFL4133